JN313325

仮想世界ゲームから
社会心理学を学ぶ

広瀬幸雄 編著 Hirose Yukio

ナカニシヤ出版

はじめに

1　仮想世界ゲームから何を学ぶのか

　この本は，読者自身のゲーム体験をもとに人と社会との関係をより良く理解できるように工夫しています。仮想世界ゲームを体験することからどんなふうにして社会心理学を学ぶことができるのでしょうか。また，数十人のプレーヤーによって1日かけて作られる仮想世界とはどんな社会でしょうか。このゲームには，現実の世界と同じように，飢餓，貧困，失業，社会不安，テロリズム，経済停滞，地域間紛争，環境汚染などさまざまなリスクが存在しています。読者はプレーヤーとしてこのゲームの世界に入り込み，最後まで安全安心に生き残るために，これらのリスクに対して一人あるいは他の人と一緒になって立ち向かっていかねばならないでしょう。リスクのガバナンス，つまり限りある資源を活用しながらすべてのリスクをバランスよくコントロールするための集合的な取り組みを通じて，新しい社会がゲームの中に創造されるはずです。そうして，仮想世界ゲームの中に自分たちの社会を作り上げていくときに，読者であるみなさんが体験する自分自身と集団や世界との関わりについてのさまざまな出来事を，社会心理学の視点から読み解いていくことになるでしょう。

2　社会心理学とはどんな学問なのか

　社会心理学が対象としてきたのは，マクロな社会とミクロな個人が互いに影響を及ぼしあうプロセスです。文化や社会あるいは組織・集団などの社会的文脈から，個人の意識や行動はどのような影響を受けるのか，また，一人ひとりの行動によって社会や組織がどのように作られるのかを解明してきました。多くの社会心理学のテキストでは，現実の社会心理事象，たとえばオカルト教祖やナチスなど不公正な権威への極端な服従がなぜ起きるのかを説明するために，ミルグラム（Milgram, 1974）の服従の実験を紹介するというスタイルをとってきました。

　社会心理学の主な研究方法は実験室実験です。複雑な現実世界から特定の社

会心理事象に関わると考えられる重要な要素を抽出して，その要素から人工的な社会空間を実験室の中に組み立てることから始めます。そのやり方は，演劇でわずかの道具と登場人物だけで劇的空間を創造するのとよく似ています。もちろん実験場面は現実そのままではありませんが，その場に居合わせる実験参加者がその状況をリアルなものと受けとめなければなりません。そのうえで，実験場面を構成する要素のうちの一部を独立変数（原因）として変化させると，それによって実験参加者の認知や行動が変化するのかを従属変数（結果）として測定して，その因果関係を解明します。たとえば，ミルグラムの服従実験では，記憶テストの成績の悪い生徒役の人物に罰として電気ショックを送るようにと，実験参加者が実験責任者から命令される場面が設定されていました。電気ショックを受けて悲鳴をあげる生徒は，実際には迫真的な演技をしていたサクラでしたが，実験参加者にとっては，自分が送る電気ショックによって他者が苦しんでいるという社会的現実を体験していました。そこで，実験責任者の権威の大きさや生徒役と実験参加者との心理的距離などの独立変数の要因を変化させると，実験参加者がそれまでの服従をやめて，不公正な権威に対して異議申し立てをするのかを従属変数として見極めようとします。

　社会心理学のテキストが読者に期待するのは，実験での実験参加者の認知や感情や行動を想像し，実験結果から社会心理事象がなぜ起きるのかを理解することです。服従実験では，ショックを送る実験参加者の立場になったと仮定して，命令に服従して危険な電気ショックを送るという行動をとるのかを予想し，なぜそうしたのかを推論します。しかし，読者にとって実験事態は経験したことのない新奇な極限的状況だから，実験参加者の心理や行動をリアルなものとして追体験するのは難しいでしょう。また，テキストからうけとる社会心理学の情報は，自分の今までの経験と十分に関連づけるのが難しいなら，抽象的で一般的な知識にとどまるでしょう。

3　社会心理学の新しい試みとしての仮想世界ゲーム

　このテキストでは，社会心理学のゲームシミュレーションである仮想世界ゲームに，読者自身がプレーヤーとして参加して，その中で起きる社会心理事

象を体験することを，重要な要素として組み込んでいます。

　ゲームシミュレーションとは，シミュレーションとゲームから成り立っています。つまり，現実の何らかの側面を模倣（シミュレート）した仮想的空間で，複数のプレーヤーがそれぞれの目標を達成するために競争や協同のゲーミングを行うことです（Livingston & Stoll, 1973）。現実味のあるゲーム世界で，自分に割り当てられた役割にコミットしたプレーヤーが相互作用を行います。

　これから実施する仮想世界ゲーム（SIMINSOC：Simulated International Society）は，世界における南北地域間の葛藤と協調のプロセスをシミュレートしており，飢餓から環境汚染までさまざまな地球規模のリスク問題が単純なかたちで組み込まれています。このゲームシミュレーションは，模擬社会ゲーム（Gamson, 1990）を手本とし，国際関係シミュレーション（Guetzkow, 1959）も参考にして，社会心理学の教育・研究ゲームとして作成したものです（広瀬，1997, 2000）。

　そのゲーム世界では，現実の世界と同様に，社会構造的要因（移動の困難さや資源の不平等など）によって個人の認知や行動は制約を受けます。同時に，プレーヤーは，社会構造の影響を受けるだけでなく，自らが望む社会状態を作り上げていくプロセスにも参加します。実験室実験の参加者のように，実験責任者によって操作された社会的要因の影響を一方的に受ける受動的な客体としてではなく，ゲームシミュレーションでは，プレーヤーは現実世界と同じように能動的な主体として行動できるのです。

　さらに，このゲームの中では，リスク・コミュニケーション，リーダーシップ，集団意思決定，社会的ジレンマ，集団間葛藤など多様な社会心理事象を体験するでしょう。ゲームを主観的に経験したあとで，今度は客観的な分析者として，社会心理学の理論や実験などを参考にしながら，ゲームの中で自分たちがとった具体的な行動やその結果を振り返ることから，社会心理事象を解き明かしていくことができるでしょう。

4　このテキストはどのように活用できるのか

　本書の構成として，最初の章でこれから行う仮想世界ゲームのルールを説

明し，次の章でゲームの典型的な推移について紹介しています。3章以下では，ゲームの中でプレーヤーが経験する社会心理事象のうち重要なものを取り上げて，それを理解するのに役立つ社会心理学の理論や実験を解説しています。さらに，プレーヤーが体験した社会心理事象に関する認知や感情や行動のデータを分析して何が明らかになるのかも説明しています。ゲームに参加した読者が，自分たちのゲーム結果を振り返りながら，社会心理事象をより深く理解できるような構成になっているのです。

　巻末には，ゲームでプレーヤーとして使用するカードやチケットを添付しています。なお，ゲームを進行係として運営するためには，このテキストとともに副次的な材料（ゲームのスケジュール表やリスクの計算表など）が必要となります。テキストを講義で用いて，仮想世界ゲームを実施する場合には，編者まで連絡してください。そうすれば，進行係として必要な関連資料を入手することができます。

目　　次

はじめに　*i*

第 1 章　仮想世界ゲームのルールを理解する
：仮想世界はどんな社会なのか……………………………………………*1*

1-1　ゲームの概要　*2*
1-2　個人のルール　*6*
1-3　団体のルール　*11*
1-4　世界のルール　*15*
1-5　まとめ　*17*

第 2 章　仮想世界ゲームを体験する
：仮想世界ではどんな出来事が起きるのか……………………………*19*

2-1　ゲームの全体的展開に影響する主な要因　*19*
2-2　仮想世界の全体的展開　*25*
2-3　まとめ　*35*

第 3 章　他者や他集団についての原因帰属
：他者を理解するときのバイアスとはなにか…………………………*37*

3-1　仮想世界ゲームでの「現実」の見え方の違い　*37*
3-2　基本的な原因帰属の仕組みとそのバイアス　*38*
3-3　仮想世界ゲームにおける原因帰属のバイアスとその修正　*48*
3-4　まとめ　*54*

第4章　リスク認知とリスク・コミュニケーション
　　　　　：さまざまなリスクにどう対処すればいいのか ……………… 55
4-1　仮想世界ゲームで直面するさまざまなリスク　*55*
4-2　リスク・コミュニケーションのさまざまな特徴　*56*
4-3　仮想世界ゲームにおけるリスク・コミュニケーション　*61*
4-4　まとめ　*66*

第5章　集団間の競争と協同におけるリーダーシップ
　　　　　：誰がグループのリーダーになるのか ………………………… 67
5-1　仮想世界ゲームではどんなリーダーシップが見られるか　*67*
5-2　リーダーシップについての心理学的研究　*68*
5-3　仮想世界ゲームの中のリーダーシップ　*76*
5-4　まとめ　*82*

第6章　不確実性のもとでの集団意思決定
　　　　　：集団決定は個人の決定とどのような違いがあるのか ……… 83
6-1　仮想世界ゲームでの個人の意思決定と集団の意思決定　*83*
6-2　集団意思決定の特徴：個人の意思決定とは異なる現象　*84*
6-3　集団意思決定に影響を及ぼす状況要因　*89*
6-4　意思決定課題の発見と集団意思決定　*92*
6-5　まとめ　*97*

第7章　社会的ジレンマをめぐる合意形成
　　　　　：個人や地域の利害と社会全体の利害は調整できるのか ……… 99
7-1　仮想世界と現実での環境問題の社会的ジレンマ　*99*
7-2　社会的ジレンマ研究　*101*
7-3　ゲーミング技法を用いた社会的ジレンマ研究の意義　*105*
7-4　仮想世界ゲームにおける社会的ジレンマ解決のプロセス　*107*
7-5　まとめ　*112*

第 8 章　資源分配における公正性と正当性
　　　　：誰がどのようにコモンズを管理するのか……………………………115
- 8-1　仮想世界ゲームにおけるコモンズ：資源の管理と分配　*115*
- 8-2　「公正な分配」に関する社会心理学　*116*
- 8-3　仮想世界ゲームでの資源分配をめぐる公正性と正当性　*123*
- 8-4　まとめ　*130*

第 9 章　「私」と「私たち」アイデンティティ
　　　　：集団を意識するとき何が起きるのか……………………………131
- 9-1　「私」から「私たち」へ：仮想世界ゲームの中での変化　*131*
- 9-2　「私たち」アイデンティティはどこから来るのか　*132*
- 9-3　仮想世界ゲームの中のアイデンティティ　*139*
- 9-4　まとめ　*146*

第 10 章　集団間葛藤とその解決策
　　　　：集団間の対立はどのようにして解消できるのか……………………149
- 10-1　仮想世界ゲームにおける集団間葛藤　*149*
- 10-2　集団間の葛藤とその解消に関する理論　*150*
- 10-3　仮想世界ゲームでの葛藤と低減策　*158*
- 10-4　まとめ　*163*

　　おわりに　*165*

　　文　　献　*167*
　　事項索引　*179*
　　人名索引　*181*
　　付録　仮想世界ゲームで使用するカード，チケット

1. 仮想世界ゲームのルールを理解する
：仮想世界はどんな社会なのか

　この章では，これから実施する仮想世界ゲームのルールを理解しよう。このゲームは，地球規模の環境問題や南北問題を仮想世界の中で体験するRPG型のゲームシミュレーションである。この世界の住民であるプレーヤーは，飢餓，貧困，失業，社会不安，テロリズム，経済停滞，環境汚染などさまざまなリスクに直面することになる。それぞれのリスクに対処するには，プレーヤー個人の努力や工夫がまずは大切だが，他のプレーヤーと協力することも必要になるだろう。

　仮想世界ゲームでは，複数の異なる役割についてそれぞれ違うルールがあり，さらに役割の間の交渉の内容もさまざまなので，ルールを一度読むだけではゲーム全体を完全に把握するのは難しい。しかし，ルールを読んでから，ゲームの中で自分は何をどうすればいいかをリハーサルすれば，ゲームの進め方が大体想像できるようになる。

　ゲームルールは，表1-1のように，ゲームの概要と，個人，団体，世界に関する詳しいルールの4つから構成されている。

表1-1　ゲームルールの構成

1. ゲームの概要	2. 個人のルール	3. 団体のルール	4. 世界のルール
(1) ゲームルールの基本的内容 (2) ゲームの進め方	(1) 個人目標 (2) 地　　域 (3) 食　　糧 (4) 労　　働 (5) 抗議行動 (6) 農園主	(1) 企　　業 (2) 政　　党 (3) 各種団体	(1) テロリズム (2) 環境汚染

1-1 ゲームの概要

　プレーヤーは仮想世界の住民として7年間（7セッション）生きていく。ゲームの中で次々に出会う障害を乗り越えて，各自が最初に設定した個人目標を達成するように努めなければならない。そのために，さまざまな役割のプレーヤーと協力あるいは競争することになる。他のプレーヤーとの間で意見や利害が対立する場合には，自分の利益を主張するとともに，相手の言い分も理解して，お互いが満足できる妥協点を見出さなければならない。交渉の際には，感情に溺れたり冷静さを失ったりしないように注意することが大切である。

1-1-1　ゲームルールの基本的内容

　はじめにゲームルールの基本的内容を説明する。ルールの詳しい内容は，第2節以下で解説する。

❶ 個人目標

　プレーヤーは以下の4つの個人目標を達成するよう努める。
- ❶生存（毎年食糧チケットを得る）
- ❷資産（通貨や株券を蓄える）
- ❸権力（ゲームの動きに影響力を行使する）
- ❹人望（多数のプレーヤーから信頼や好意を得る）

❷ 地　域

　図1-1のように，この仮想世界は，北・西・南・東の4つの地域に分かれている。プレーヤーはいずれかの住民となる。ゲーム開始時に，北・西地域の各住民には100シム，南・東地域の各住民には50シムの資金が与えられる。シムはこの世界の通貨である（以下Sとする）。北と西地域には企業主，農園主，政党主が，そして南と東地域には政党主がいる。

　他地域に行くには，1回につき2Sの旅費が必要になる。

```
┌─────────────────────────┐  ┌─────────────────────────┐
│ 北地域（約10人）         │  │ 西地域（約10人）         │
│ 北企業主1人              │  │ 西企業主1人              │
│ N党主1人                 │  │ W党主1人                 │
│ 農園主3人                │  │ 農園主3人                │
│ 無役のプレーヤー5人      │  │ 無役のプレーヤー5人      │
└─────────────────────────┘  └─────────────────────────┘
            ┌──────┐
            │ 進行係 │
            └──────┘
┌─────────────────────────┐  ┌─────────────────────────┐
│ 東地域（約10人）         │  │ 南地域（約10人）         │
│ E党主1人                 │  │ S党主1人                 │
│ 無役のプレーヤー9人      │  │ 無役のプレーヤー9人      │
└─────────────────────────┘  └─────────────────────────┘
```

図1-1　仮想世界ゲームの地域配置

❸ 食　糧

生存するには食糧チケットが必要である．食糧チケットの入手方法は2とおりある．

❶農園主と毎年値段を交渉して購入する
❷個人農園を開墾（60S）して毎年の食糧を確保する

食糧が得られないと飢餓となる．連続2回または合計4回飢餓になると死亡する．

❹ 労　働

食糧チケットを得たプレーヤーは，食糧チケットの半券である労働力チケットを得るので，それを企業主に売ることができる．労働力チケットを企業主に売れなかったり，そもそも食糧チケットを入手できなかったプレーヤーはそのセッションは失業となる．

❺ 抗議行動

抗議行動は不満を表明し要求を実現する手段となる．

❶デモ（不満や要求を表明する）
❷ストライキ（企業に賃上げを要求する）
❸暴動（テロリズム・リスクを上げる）

６ 農 園 主

農園主の特権は２つある。
① 毎年５人分の食糧を生産できる農園を所有する
② 40Sで１人分の食糧を生産する新たな農園を開墾できる

７ 企　　業

企業は生産により利益を生み出す。企業の主な仕事は，４つある。
❶ 株券を売り資本金を集める
❷ 労働力チケットを集める
❸ 資本金と労働力チケットで生産し，利益を得る
❹ 利益の中から労働力への賃金や株券への配当を支払う

８ 政　　党

政党は法律を作ることができる。また，無料で他地域に旅行できる。政党の主な仕事は，２つある。
❶ 法律案を選挙の公約としてPRする
❷ 選挙で３分の２以上の票を集めて法律を作る

９ 各種団体

以下の団体を誰でも作ることができる。
❶ 労働団体（労働条件を改善するためにストライキをうてる）
❷ 環境団体（生産，開墾，寄金の情報を無料で入手できる）
❸ 宝くじ協会（宝くじを売り娯楽を提供できる）

10 テロリズム

飢餓，失業，暴動の人数が多いと，テロリズムのリスクが高くなる。テロリズム・リスクが高くなると，資産を多く持つ者２人が誘拐される恐れがある。誘拐されると，団体代表（農園主を含む）の地位を失い，身代金80Sを没収される。

11 環境汚染

　企業生産と農園開墾が増えると，環境汚染リスクが高まる。環境汚染リスクが高くなると，環境問題が発生し，多くの住民が死亡する病気が発生する恐れがある。

1-1-2　ゲームの進め方

1 ゲーム前に準備しておくこと

　どの地域のどの役割になるかわからないので，最悪のシナリオ，つまり南・東地域に割り振られたらどうするかを考えておくといい。食糧をどのようにして入手するか，労働力チケットはいくらで企業に売れるのか，あるいは，各種団体のうち何を作ればいいのかをリハーサルしておけば，スムーズにゲームを始められる。企業主・政党主・農園主になった場合どうするかも想定しておけば，まごついてパニックになったり，すぐに代表の地位を失うこともない。

2 ゲーム開始時に行うこと

　各プレーヤーがどの地域の何番の住民であるかを示したゲーム参加者名簿が，部屋（地域）の入り口に掲示される。自分の地域に入り，自分の番号の名札のある席につき，名札に名前を書き，自分の資金の額を確かめ，個人目標カードにどの目標を優先するかを記入する。企業主，政党主，農園主に指名されたプレーヤーの席には，その役割のたすき，それぞれの活動に必要なカード（株券・生産報告カード，公約カード，食糧チケット綴り）があるので確かめる。ゲームで用いるカードやチケットは，巻末の付録（仮想世界ゲームで使用するカード・チケット）にも添付しているので，随時それを切り取って使用する。また，食糧チケットのページは切り取り，ゲーム前に進行係に提出する。

3 ゲーム中に行うこと

　ゲームは全部で7年（7セッション）。1セッションは40分，セッション間の休憩は10分である。ゲームのスケジュールは各部屋に掲示している。ゲーム後の説明を含めると，90分の授業時間の4コマ分となる。補講期間に集中して実施することが望ましいが，毎週1コマで計4回に分散して行う場合もある。

セッション開始の合図があれば，プレーヤーは，食糧や労働力チケットの売買や他地域への旅行などを自由に始められる。セッション中に生産や抗議行動など何かの行動をとるときは必ず，その内容を所定のカードに記入して進行係に提出しなければ有効にならない。

各地域には，その地域の毎年の失業者数と飢餓者数を集計し，その数を進行係に報告する調査員が1人指名される。調査員はセッション終了までに人数を進行係に報告して，毎回2Sを報酬として受け取る。

❹ ゲーム後に行うこと

ゲームが終了したら，ゲームについての振り返りを行う。ゲームの中で起きた主な出来事を思い起こし，それらの出来事が起きた原因について理解を深めるために，すべての地域のプレーヤーが集まり，意見を交換する。

1-2 個人のルール

ここでは，プレーヤー個人に関わるルールを説明する。個人の行動が世界に及ぼす影響については，世界についてのルールの項で説明する。

1-2-1 個人目標

❶ 個人目標の種類

各プレーヤーが達成すべき個人目標は4つある。

　❶生存：食糧を手に入れて生き延びる。
　❷資産：通貨や株券を蓄える。
　❸権力：団体代表の地位につき，ゲームの動きに大きな影響力を発揮する。
　❹人望：多くのプレーヤーから信頼や好意を得る。

最も大切な目標は生存であるので，まずこれを達成すること。次に他の3つの目標に各自が優先順位をつけ，その順位に基づいてそれらを最大限達成するようベストをつくす。ゲーム開始前に個人目標カードにその順位を記入する。生存はゲームを通して最優先だが，残り3つの目標の優先順位はゲーム途中で変更できる。

2 個人目標の達成度の判定

　進行係はゲーム終了後に各プレーヤーの個人目標の達成度を判定し，権力・人望・資産の各分野で多くの得点を獲得したプレーヤーに，賞品と賞状を贈呈する。権力と人望の達成度は，3セッションごとの全プレーヤーが行う人気投票カードでの得票数によって決まる。資産の達成度は，ゲーム終了時の保有資産額によって決まる。資産額は，手持ちの通貨と株券の合計である。

3 通　　貨

　仮想世界の通貨はシム（S）で，1S札・5S札・10S札・50S札の紙幣がある。進行係のデスクで両替できる。

　ゲーム終了時に，個人の手持ちの資産はその額に応じたスナック類と交換できる。

1-2-2 地　　域

　4つの隣接した教室（演習室）のそれぞれが，北，西，南，東の地域となる。大教室の4隅を各地域として，1部屋で行うこともある。進行係のデスクは4つの部屋をつなぐ廊下にある。

　世界全体の人口は約40名。約10名のプレーヤーが各地域の住民としてランダムに割り当てられる。

1 地域の特徴

　この世界では地域間に格差がある。北と西地域は，食糧や資源に恵まれた先進工業地域で，それぞれ企業主1人，政党主1人，農園主3人がいる。両地域の住民には，資金として1人100Sが与えられる。

　南と東地域は，発展途上地域で，政党主がそれぞれ1人いるが，食糧もなく，企業もない。両地域の住民には，資金として1人50Sが与えられる。

2 旅　　行

　旅行しないで，他地域にいるプレーヤーと話すことはできない。休憩時間でも同様である。食糧や労働力の売買のために他地域に行く必要もあるだろう。

他地域へ旅行するには，2Sの費用がかかるが，政党主だけは，無料で他地域に旅行できる。なお，セッションの終了5分前には必ず自分の地域に戻っていなければならない。進行係まで行くのには旅費はかからない。

1-2-3　食　　糧
❶ 食糧の入手方法
　プレーヤーは，セッションごとに1枚の食糧チケットを確保しなければならない。各セッション終了5分前にそれを進行係に提出する。食糧の入手方法は2通りある。
　　❶食糧チケットを毎年農園主から購入する。
　　❷個人農園を開墾して，その年以降の食糧チケットを確保する。
　農園主以外のプレーヤーは60Sとともに開墾カードを進行係に提出すれば，毎セッション1人分の食糧チケットの綴りが支給される。
　食糧チケットの有効期限は1年である。食糧は蓄えることはできないので注意すること。また，進行係の認証印のない食糧チケットは無効である。

❷ 飢　　餓
　食糧チケットを入手できなければ飢餓となる。また，労働力チケットも入手できないので，自動的に失業となる。

❸ 死　　亡
　連続2セッションまたは合計4セッション食糧を入手できないと，死亡する。そうなると，ゲームに参加できず，それ以降はオブザーバーとなる。

1-2-4　労　　働
❶ 労　　働
　この仮想世界では，食糧を入手しないと労働できない。食糧チケットの半券は，労働力チケットになっている。食糧を得たプレーヤーは，毎年1枚の労働力チケットを，企業に値段を交渉して売ることができる。チケットを売る企業を毎年変えてもよい。条件が合わなければ売ることはできない。1セッション

で，1人のプレーヤーが同時に2つの企業にチケットを売ることはできない。

❷ 失　　業
　企業に労働力チケットを渡していない者は，失業とみなされる。なお，労働団体のストライキに参加すれば，そのセッションでのそのプレーヤーの労働力チケットは無効となる。

1-2-5　抗議行動
　抗議行動には，デモ，ストライキ，暴動の3種類がある。他のプレーヤーや団体あるいは地域から，不利益を被ったり，不公正な扱いを受けている場合には，抗議行動という手段に訴えることができる。プレーヤーは抗議行動（デモ，ストライキ，暴動）カードを進行係に提出すれば，抗議行動を起こせる。1セッション中に抗議行動に参加できるのは1回だけである。

❶ 抗議行動の費用
　デモとストライキへの参加は無料である。暴動への参加は，1人あたり3Sを進行係に支払う。

❷ デモの効果
　デモは誰でも起こすことができる。抗議行動カードでデモを選んで，進行係に提出すれば，自分たちの要求を相手のプレーヤーや団体に意思表示し，相手からの回答を求められる。進行係は，その内容を相手先に通告する。ただし，自分たちの要求どおりの回答が得られるかどうかは，相手次第である。

❸ ストライキの効果
　ストライキを起こせるのは，労働団体だけである。労働団体による抗議行動（ストライキ）カードに署名したプレーヤーは，ストを起こすと企業を脅かして，賃上げなど労働条件を改善できるかもしれない。ストライキカードを進行係に提出するまでは，ストライキを起こしたことにはならない。労働団体がカードを進行係に提出すれば，そのストライキに参加したプレーヤーの労働力チケッ

トは無効となり，企業はそれを使っては生産できなくなる。

❹ 暴動の効果

　抗議行動カードで暴動を選択し，3Sを払うと，誰もが起こせる。暴動を取引の材料にして，豊かな地域のプレーヤーと交渉もできる。暴動に参加する人が多いとテロリズム・リスクが高くなり，北と西地域で誘拐の可能性が大きくなるからである。暴動1人についてテロリズム・リスクは3ポイント高くなる。しかし，暴動に参加した人々が不満をもつ特定の団体やプレーヤーが誘拐されるわけではない。北・西地域の資産を多く持つプレーヤーの中からランダムに誘拐される。

1-2-6　農園主

❶ 農園主の特権

　ゲームの開始時に，北と西の2地域からそれぞれ3名，合計6名のプレーヤーがランダムに農園主に指名されて，毎年5人分の食糧を生産する農園を所有する。農園主にはゲーム開始時に進行係から5人分の食糧チケット綴りが支給される。農園主はその年の食糧チケットを自由に処分できるが，翌年以降の食糧チケットを事前に売却することはできない。

　農園主は，他の人が開墾するよりも安い費用で，自分の農園を新たに開墾できる。開墾カードとともに40Sを進行係に払えば，そのセッション以降1人分の食糧チケット綴りが支給される。

❷ 農園主の交代

　自分の食糧を確保できなかったり，誘拐された場合には，ゲーム開始時に支給された5人分の農園の権利を失うが，自分で開墾した農園は引き続き所有できる。進行係は，そのプレーヤーと同じ地域の住民の中から新しい農園主をランダムに指名する。

1-3 団体のルール

ここでは，団体に関わるルールを説明する。なお，1人のプレーヤーが，2つ以上の団体の代表を兼ねることはできない。

1-3-1 企業（北企業と西企業）
1 企業の目的

企業は，できるだけ多くの資本金と労働力チケットを集め，生産を拡大して，利益を増やさなければならない。企業の仕事は，株券の発行と配当，労働力チケットの購入と賃金の支払い，生産規模の決定，企業資金の管理などと多いので，1人で企業の仕事をするとパニックになって何もできなくなってしまう。

企業主は，ゲーム開始前に株券発行の係や労働力チケット購入の係の役員を雇っておき，自分は生産規模の決定や全体の調整などに専念するのが望ましい。株券発行の係の役員は，株主リスト表に株券を売ったプレーヤーの名前と株券の口数と配当予定額を記入して，誰に配当を払うのかを管理する。また，労働力チケット購入の係の役員は，労働者リスト表にチケットを買ったプレーヤーの名前と賃金予定額を記入して，誰に賃金を払うのかを管理する。

2 株券の発行

各企業はゲーム開始時に手持ちの資本金を持っていないので，プレーヤーから融資を受ける必要がある。40Sと交換に株券1枚を株主に発行する。1枚の株券を共同名義で購入することもできる。株券はいつでも40Sで払い戻ししなければならない。株券にどれだけの配当金をつけるかは企業が決定できる。株券の配当を先延ばしできれば，その資金も生産費用にまわすことができるので，生産規模を拡大できる。

3 労働力チケットの購入

生産のためには，労働力チケットを集める必要がある。値段（賃金）を交渉して，生産に必要な人数分のチケットを購入する。企業の代表者や役員もチケットを企業に売らなければ就職したことにならない。なお，ストライキに参

加したプレーヤーのチケットは無効となる。

賃金を次セッションでの後払いとすれば，株券発行による資本金を生産費用に回すことができるので，より多くの労働者を雇うことができる。

❹ 生産とその利益

生産費用の資金と労働力チケットとともに，生産規模の単位を記入した生産報告カードを進行係に提出すれば，次のセッションの開始時に収入（元金と利益）が得られる。1単位の生産をするには，3人分の労働力チケットと200Sの生産費用が必要である。たとえば3単位の生産には，9枚の労働力チケットと600Sが必要となる。

各企業の利益は，2つの企業の相対的な生産規模によって決まる。生産単位の大きい企業の利益率は55％，小さい企業は45％となる。生産単位が同じ場合にはそれぞれ50％である。たとえば，両企業の生産単位が同じ場合，1単位分の利益は200S × 50％ ＝ 100Sとなる。生産単位が違う場合には，単位の大きい企業の1単位分の利益は110S，小さい企業は90Sとなる。

ただし，労働力チケットを出したプレーヤーがストライキに参加した場合には，そのチケットは無効になる。このため，企業が生産に使えるのはストに参加しなかったプレーヤーのチケットだけである。みんながストに参加した場合は生産できないため，元金のみがバックされる。

収入（元金と利益）の中から，次回の生産費用，株主への配当金，労働者への賃金，役員の報酬，企業の内部資金，環境浄化への寄金などにいくら使うかを決めなければならない。

❺ 企業主の交代

最初の年に生産ゼロ，前年よりも生産単位が少ない場合，また2年連続で生産規模が増大しない場合には，企業主は解任される。誘拐や辞職，あるいは連続3年務めた場合は交代する。新しい企業主は企業の役員の中から選ばれる。

1-3-2 政　　党

1 政党の目的

政党（N党，W党，S党，E党）は，法律を制定できる。多くのプレーヤーが希望する法律案を考えて，それを公約としてPRし，世界全体の3分の2以上の票を集めるようにする。

2 公約のPR

政党主は，2セッションごとに1つの公約を提案しなければならない。単独あるいは他の政党と連合して提案してもよい。公約の内容は公約カードに記入して，偶数セッションの終了前までに進行係に提出しなければ，投票で得られた支持票は無効となる。公約の内容を各地域のプレーヤーにPRして，投票してくれるよう依頼する。

3 政党への投票

この世界の選挙は第2，4，6セッションに行われる。プレーヤーは2セッションごとに1回，4つの政党のうち1つを選び，選挙チケットに記入して，自分の地域にある投票箱に投票できる。もちろん，投票するか否かは個人の自由なので，無記入で投票しても棄権してもいい。

4 法律の制定

世界全体の3分の2以上の票を得た場合には，その政党の提示した公約が世界の法律となる。その法律に違反する団体の代表者（農園主を含む）は解任される。なお，その法律は，ゲームのルールと矛盾したり，ルールを変えるものであってはならない。たとえば，開墾の費用や生産費用の改訂はできない。また，個人の基本的権利（財産保有や移動や投票など）を侵害する法律は作ることはできない。しかし，最低賃金の設定，食糧価格の設定，税の制定などの法律は作ることができる。

5 政党主の特権

政党主は，無料で他地域を何度でも旅行できる。

❻ 政党主の交代

　選挙での得票数の第3位と最下位の政党主は解任される。誘拐や辞職，連続3年務めた場合も交代する。

1-3-3　各種団体（労働団体，環境団体，宝くじ協会）

　団体の名前をつけて，進行係に団体結成カードを提出すれば，誰でも，労働団体，環境団体，宝くじ協会を自由に結成できる。ただし，1地域には同じ種類の団体は1つに限定される。

❶ 各種団体の活動内容

　それぞれの団体には活動目的と，その活動に必要な特権が与えられる。
- ❶労働団体　賃上げや経営参加など労働者の待遇改善を目的とする。ストライキカードへの署名を集めて，ストライキをうつことができる。
- ❷環境団体　環境浄化の寄金を呼びかけて，環境問題の防止に努める。各企業の生産規模，農園の開墾数，環境浄化への寄金額など環境汚染リスク関連の情報を進行係から無料で入手できる。
- ❸宝くじ協会　人々にギャンブルによる娯楽を提供する。宝くじを発行して売ることができる。宝くじの用紙は進行係から受け取る。くじの値段や倍率などは自分たちで自由に決められる。

❷ 団体代表の特権

　企業や政党を含めて，すべての団体代表は，1件につき2Sで，この世界の情報（暴動の人数，テロ発生の有無，飢餓や失業数など）を進行係から入手することができる。

❸ 団体代表の交代

　誘拐や辞任，連続3年務めた場合は，代表は交代する。新しい代表は各団体のメンバーから選ばれる。

1-4 世界のルール

　ここでは，テロリズムや環境問題がどのようにして発生して，それによってプレーヤーはどんな影響を受けるのか，また個人や団体はそのリスクをどのようにして回避できるのかについて説明する。

1-4-1 テロリズム

　世界全体で失業や飢餓の問題が未解決であったり，大規模な暴動が起きていたりすると，北や西の地域でテロリズム（誘拐）が発生するリスクが高くなる。

❶ テロリズム・リスクの計算

　各セッションでのテロリズム・リスクの数値は，失業者，飢餓者，暴動参加者の人数によって計算する。表1-2にテロリズム・リスクの計算例を示している。

表1-2　テロリズム・リスクの計算例

失業が	11人	$11 \times 3 = 33$
飢餓が	5人	$5 \times 4 = 20$
暴動が	3人	$3 \times 3 = 9$
テロリズム・リスクの数値		62

- ❶失業（労働力を売れなかった者）　1名につき，3ポイント　上がる
- ❷飢餓（食糧を確保できなかった者）1名につき，4ポイント　上がる
- ❸暴動（暴動を起こした者）　　　　1名につき，3ポイント　上がる

テロリズム・リスクの数値に応じて，誘拐が起きる確率が決まる。誘拐の発生確率は表1-3のとおりである。

表1-3　テロリズム・リスクと誘拐発生確率との関係

テロリズム・リスク	0-20	21-40	41-60	61-80	81-100
誘拐発生確率	20%	40%	60%	80%	100%
シンボルカラー	緑	黄	オレンジ	赤	黒

　テロリズムのリスクを低くするためには，世界全体の飢餓と失業をまず解決

することが必要となる。

❷ 誘拐される人の指名
　北と西地域から各1名が誘拐される。各地域で資産を最も多く所有する者3名のうち，ジャンケンに負けた者が誘拐される。誘拐されると団体代表（農園主を含む）の地位を剥奪される。

❸ 釈放の費用
　釈放要求カードに身代金80Sを添えて，進行係に支払えば釈放される。もし，誘拐されたプレーヤーの保有資産が80S未満なら，資産の全額を支払えば釈放される。

1-4-2　環境汚染
　企業の生産活動や農園の開墾が大規模であるほど，環境汚染のリスクが高まり，環境問題の発生確率が高くなる。

❶ 環境汚染リスクの計算
　各セッションの環境汚染リスクの値は，ゲーム開始からの累積生産単位数と累積農園開墾数の合計の2倍で計算する。しかし，環境浄化に寄金されると，金額の10%分リスクが下がる。表1-4に環境汚染・リスクの計算例を示している。

表1-4　汚染リスクの計算例

生産合計が	14単位	14 × 2 ＝ 28
開墾合計が	8人分	8 × 2 ＝ 16
浄化寄金が	40S	40 × -0.1 ＝ - 4
汚染リスクの数値		40

　❶企業生産　生産を1単位するごとに，2ポイント上がる。
　❷農園開墾　農園を1人分開墾するごとに，2ポイント上がる。
　❸環境浄化　浄化に10S寄金されるごとに，1ポイント下がる。

2 環境浄化への寄金

　環境浄化への寄金は，環境汚染リスクを低下させる。個人・団体を問わず，誰でも好きなだけの金額を，環境浄化寄金カードとともに進行係に提出できる。

　寄金すれば環境汚染のリスクが低下するが，他のプレーヤーの寄金をあてにできれば，自分の資産を減らさずにすむ。しかし，誰もが他人をあてにすると，環境汚染リスクは低下しないというジレンマがある。

3 環境問題の発生

　環境問題が発生する確率は表1-5のとおりである。環境問題が発生すると，すべてのプレーヤーに被害が生じる恐れがあるが，被害の詳しい内容は問題が起きるまでわからない。環境汚染による新たな病気が発生するかもしれないし，その対策には多額の費用が必要になるかもしれない。

表1-5　汚染リスクと環境問題発生確率との関係

汚染リスク	0-20	21-40	41-60	61-80	81-100
問題発生確率	20%	40%	60%	80%	100%
シンボルカラー	緑	黄	オレンジ	赤	黒

　仮想世界ゲームのルールは以上である。ゲームでとる重要な行動の多くは，カードやチケットを進行係に提出することで有効となるので，巻末にまとめて添付しているカード・チケット類に目を通してその使い方をリハーサルしておくとよい。

1-5　まとめ

　ゲームのルールを事前に読むだけで，仮想世界ゲームがどのようなものかを，完全に理解するのは困難だろう。しかし，実際にゲームが開始されれば，徐々にルールの意味もわかってくるので，あまり心配する必要はない。たとえば，「ゲームのルールを読んでも，ゲームがどのように展開するのかはまったく予想がつかなかった。しかし，やってみて初めてゲームの意味や面白さが実感できた」と，多くのプレーヤーは報告している。それでも，貧しい地域に割り振

られたときに食糧をどのようにして入手するのか，企業主になったときには生産をするために何をしないといけないかなどをゲーム前に考えておくと，ゲームをスムーズに進めることができるだろう。

2 仮想世界ゲームを体験する
：仮想世界ではどんな出来事が起きるのか

　仮想世界ゲームを実際に体験してみると，個人に関する出来事，集団（団体や地域）に関する出来事，世界全体の出来事が互いに密接に関連していたことに気づくだろう。たとえば，個人が飢餓になったり失業したりすると，世界全体でのテロリズムのリスクが高まった。また，団体である企業が生産を拡大すると，個人レベルの失業は解消するが，世界全体での環境汚染リスクは高まった。さらに，地域間の移動が不自由な環境が，自分の地域への帰属意識を高めたり，他地域への偏見を生み出したりもした。

　社会心理学が目指すのは，マクロな社会的な環境がミクロな個人の意識や行動に影響を及ぼすことや，ミクロな個人の行動が累積してマクロな社会的環境を形作ることを明らかにすることである。とすれば，今回仮想世界ゲームで体験したさまざまな個人・集団・世界の出来事とその原因を分析することから，社会心理学を学ぶことができるだろう。仮想世界ゲームを社会心理学の教育ゲームとして実施したのは，プレーヤーがゲームで体験したさまざまな社会心理事象を振り返って理解するためである。原因帰属やリスク認知などの主に個人レベルの事象，リーダーシップや集団的意思決定など集団レベルの事象，社会的ジレンマや集団間葛藤など社会レベルの事象のそれぞれについては，第3章以下で詳しく取り上げるので，ここでは，ゲームの全体的展開について述べることにする。

2-1　ゲームの全体的展開に影響する主な要因

　仮想世界ゲームで体験した出来事をもとに，ゲームの全体的展開に影響

を及ぼした3つの主な要因，つまりゲームルールの仕組みと働き，ゲームの初期環境，ゲームでプレーヤーが解決すべきリスク問題について振り返っておこう。

2-1-1 ゲームルールの仕組みと働き

　仮想世界ゲームのルールの仕組みとは，個人のレベル，団体のレベル，世界のレベルが3層構造になっていること，ゲームのルールの働きとは，それぞれのレベルは互いに影響を及ぼし合っていることを指している。このルールの仕組みと働きは現実の世界の仕組みと働きと対応するように作られている。現実の世界を構成する3つの重要な要素，すなわち，個人とその生活，企業などの集団とその活動，社会全体の状態を表す指標を，仮想世界ゲームでもルールとして盛り込んでいる。さらに，それぞれの要素が互いに影響を及ぼす働きもゲームのルールとして対応させている。

　個人レベルの仕組みと働きとしては，個人目標に関する行動とその影響がある。プレーヤー個人は，まずは飢餓を解消し，テロリズム（誘拐）の不安から逃れようとする。次に，労働力や株券の売買によって豊かさを目指す。さらに，団体代表になって地域の利益のために貢献して，集団の中で高い地位を得たり，他のプレーヤーから信頼を得ようとする。また，環境汚染のリスクを避けようとする。いずれの個人目標も，自分の努力だけでは達成できず，団体レベルの協力が必要であるし，世界レベルのリスクの影響も受ける。また，個人レベルの飢餓・失業・抗議行動や個人農園の開墾は，世界レベルのテロリズム・リスクと環境汚染リスクにそれぞれ影響を及ぼす。

　団体レベルの主な仕組みと働きとしては，企業による生産や政党による法律作成とその影響がある。企業が生産を拡大すると，個人レベルの失業が解消し，株券の配当により個人資産が増える。同時に，世界レベルのテロリズム・リスクが低下するとともに，環境汚染リスクが高まる。政党が法律を作成すると，企業などの団体や個人の行動を制約することになる。労働団体や環境団体の行動も失業の解消などの個人レベルやテロリズムや環境汚染のリスクの世界レベルに影響する。

　世界レベルの仕組みと働きとして，テロリズム・リスクと環境汚染リスクと

その影響がある。個人レベルの飢餓や失業が起きると，世界レベルのテロリズム・リスクが高まり，さらに個人レベルの誘拐が発生する。テロリズム・リスクを下げるには，団体レベルでの生産の拡大と個人レベルの食糧の増産が必要となるが，そうすると，今度は環境汚染リスクが高まる。個人あるいは団体が，環境汚染を防止する費用を協力して負担しなければ，世界レベルの環境問題が発生するという社会的ジレンマの仕組みも含まれている。

　以上のように，個人のレベル，団体のレベル，世界のレベルは相互に原因と結果の関係にあり，それがゲームの全体的展開に影響を及ぼすことになっている。

2-1-2　ゲームの初期環境

　現実の世界で個人あるいは団体として行動するときに，それを制約したり促進したりする社会的あるいは物理的環境を構造的与件（構造的な所与の条件）と呼ぶが，仮想世界ゲームでは，構造的与件をゲーム開始時の設定条件にしている。現実の世界と基本的に同じ条件を仮想世界の中でも設定していた。ゲームの開始時に設定された条件によって，その後のゲームの展開は大きな影響を受ける。主な初期環境の設定は，以下の5つである。

❶ 個人間での不平等

　仮想世界にも格差や不平等が存在する。ゲーム開始時にプレーヤーが所有する資金は均等ではない。プレーヤーの半分は，個人農園を購入し飢餓を解消できるだけの資産を持っており，企業の株券を購入できる余裕もある。ところが残りのプレーヤーは，前者の半分の資産しかなく，独力で農園を購入できず，飢餓解消には農園主に依存するか，同じ立場のプレーヤーと協力せざるをえない。さらに，食糧の所有についても極端な不平等がある。少数のプレーヤーだけが，多くの食糧を寡占できる農園主という地位にある。このような資産の不均等な分配によって，資産の少ないプレーヤーは，社会的不平等に対する個人的剥奪感を持つようになる。

❷ 地域間での格差

　地域レベルでも格差や不平等がある。多くの資源を有する豊かな地域が2つ

と，資源の乏しい貧しい地域が2つ設定されている。豊かな地域には，資金を拡大再生産できる企業があり，食糧を寡占している農園主もいる。ところが，貧しい地域には，企業は存在せず，生存に不可欠な食糧もない。そのために，地域間での富の不平等はさらに拡大する可能性が高い。地域単位の格差が貧しい地域の窮乏感と不満を高め，地域の凝集性を高める。集団的剥奪感と地域への帰属意識の高まりが，豊かな地域に対する格差是正を要求する抗議行動という集合行為を生じさせる。

❸ 世界全体での食糧不足

この世界にも深刻な飢餓が存在する。食糧資源については，上で述べたような個人間および地域間の不平等があるだけでなく，世界全体の人口を養うだけの絶対量が不足しているという条件もゲーム開始時に設定されている。そのためにとりわけ貧しい地域で多くのプレーヤーが食糧確保に失敗して飢餓に陥る可能性も高く，社会不安によるテロリズムが発生することになる。豊かな地域とくに農園主は飢餓解消に取り組む必要がでてくる。飢餓とそれによるテロリズムは，ゲームのはじめの段階において，貧しい地域や豊かな地域のそれぞれの統合を促し，地域間の支配服従関係にも影響を及ぼすことになる。

❹ 企業の生産体制の未整備

このゲームでは，世界全体の資金を増やせるのは企業だけだが，そのための生産体制はゲーム開始時には準備されていない。企業主はゼロから企業を立ち上げなければならない。企業は，生産を開始するために資本金を集める必要があり，最初は生産規模も小さく，世界全体の労働力を雇用するのは不可能である。そこで，貧しい地域で多くの失業者がでる可能性がある。失業もまたテロリズムの発生の原因となる。さらに企業による生産拡大は環境汚染のリスクを高める。それぞれの企業による生産の開始や拡大によって，世界全体のテロリズムや環境汚染のリスクに影響を及ぼし，そのリスクへの対処に関する対立が地域間の信頼の関係にも影響を及ぼすことになる。

5 地域間移動の制限

　地域内の意思疎通は自由に行えるのに対し，地域間の移動にはコストがかかるので，地域間の意思疎通は容易でない。貧しい地域は食糧や雇用の機会においてもハンディキャップがあり，そのため地域間の資産格差が拡大する。さらに，移動機会の制限は，地域単位での集団の結成を促進し，あわせて地域を越えた集団の組織化や世界の統合を阻害することになる。

　以上のような開始時の環境設定が個人や団体さらには世界全体での行動に制約を与え，ひいてはゲームの全体的な展開にも影響を及ぼすことになるだろう。

2-1-3　ゲームで解決すべき主なリスク問題

　仮想世界ゲームには，飢餓，貧困，失業，社会不安，テロリズム，経済停滞，環境汚染などプレーヤーが解決すべき多くのリスク問題が，以下のような形で組み込まれている。それぞれのリスク問題にどのように対処するかによって地域間にさまざまな関係が作られ，さらにゲームの全体的展開にも影響する。

1 飢餓とテロリズムのリスク

　豊かな食糧資源を持つ2つの先進工業地域が，飢餓のリスクを抱える2つの発展途上地域にどのようなかたちで食糧を援助するのか，そして世界的な飢餓や社会不安によるテロリズムのリスクをどのようにして解消するのかが問題となる。豊かな地域から貧しい地域に食糧が有償あるいは無償でどのように提供されるのか，どちらの豊かな地域が援助でリーダーシップをとるのかが，地域間の支配服従関係や信頼関係に影響を及ぼす。

2 経済停滞のリスクと貧困・失業のリスク

　企業を持つ2つの豊かな地域はどのようにして資本を蓄積して経済を成長させるのか，2つの貧しい地域は貧困と失業のリスクをどのようにして解消するのか。それが問題となる。ゲームの開始時には企業への信頼が低いために資金や労働力が集まらずに経済が停滞するリスクがある。そのリスクをどのように回避するのか，さらに，経済成長による利益の分配をめぐって生じる地域間紛争のリスクをどのように解決するのか，地域間の利害対立や紛争をどのように

調整していくのかが問題となる。豊かな地域の2つの企業が貧しい地域の労働力をどのような条件で雇用し，生産拡大の競争をするのか，また貧しい地域が企業にどのような要求交渉をして自分たちの立場を改善していくのかが，豊かな地域間の対立関係，また豊かな地域と貧しい地域の対立や信頼関係に影響を及ぼす。

❸ 環境汚染のリスク

　生産規模を拡大する2つの豊かな地域が高まる環境汚染のリスクにどのように対処するのか，また2つの貧しい地域は環境汚染のリスクにどのような対応をとるのかが問題となる。環境問題を回避するための共同の取り組みとその費用負担について地域間でどのような合意を得ることができるのか，あるいは有効な対処に失敗して，世界規模のカタストロフィーが発生するのかが問題である。豊かな地域が生産規模に応じた責任をとるのか，貧しい地域も衡平な負担をするかが，世界全体での信頼や対立関係に影響を及ぼす。

　以上のように，ゲームの中にはさまざまなリスクが存在するが，それぞれのリスクごとに被害を受ける可能性は豊かな地域と貧しい地域で同じではない，つまり現実の世界と同じように個人や集団によってリスクの社会的脆弱性（risk vulnerability）が異なるのである。

　ゲームルールの仕組みと働き，開始時の設定条件から想定されるゲームの展開のシナリオによれば，以上のようなリスク問題がゲームの進展に伴って順次発生するようになっている。プレーヤーはそれぞれの問題が顕在化する段階になって初めてその深刻さに気づく。1つの問題をプレーヤーが協力して何とか解決すると，今度は次の新たな問題が起きて，対処を迫られる。そのようにして，ゲームのフェーズが推移していくと予想される。

2-1-4　ゲームの全体的展開への影響

　仮想世界がどのように始まり，いかなる状態で終了するかは，ゲームごとに異なり，それぞれにユニークな展開がある。ゲームのミクロな動きは，そこに参加したプレーヤーがとる自発的で自由な行動に応じて変わるからである。たとえば，労働団体や環境団体がどのような活動をするのか，複数の団体あるい

は地域間にどのような協力や対立の関係ができあがるのか，さらにはテロリズムや環境汚染を解決するためにどのような法律や合意が作られるのかは，ゲームに参加したプレーヤー次第なのである．そのためにそのような内容についての展開を正確に予測することはできない．このゲームは，あらかじめプログラムされた既定の1つのシナリオを，プレーヤーの意思と関係なくたどるわけではない．それぞれのゲーム社会に参加するミクロな個人の意識や行動に応じてそれぞれの独自な世界が作られていく．

しかし，ゲームのマクロな大局的な側面に注目すれば，すべてのゲームは，かなり似通った展開をたどるとも予想できる．仮想世界ゲームで設定されたゲームルールの仕組みや働き，ゲームの初期環境，ゲームで解決すべきリスク問題が，ゲームの推移を方向づけるからである．資源の地域的分布や社会移動の機会などのマクロな社会構造が，個人のミクロな意識や行動に影響を及ぼすというわけである．

2-2　仮想世界の全体的展開

ゲームで予想される全体的な展開について解説しよう．全部で6ないし7セッションにわたる仮想世界ゲームの全体的展開は，前半，中盤，後半の3つのフェーズに区分できるだろう．3つのフェーズは，プレーヤーにとって最も重大な関心事は何か，あるいはゲームの中で対処すべき問題が何かによって区分され，それぞれは第1・2，第3・4，第5・6・7セッションにほぼ対応することが多い．

図2-1，2-2，2-3には，各フェーズにおける各地域の関心事と地域間での主要な資源の交換を示している．これらの図に基づいて，まず各フェーズの概略を述べて，その後でゲームで予想される展開についてプレーヤーの報告をまじえながらフェーズごとに説明する．

まず，前半のフェーズでは，北・西地域と南・東地域との間で食糧とその購入代金としての通貨が交換される．それによって南・東の飢餓は少しずつ解消していくが，そのかわりゲーム開始時よりも手持ちの通貨が減っていく．北・西では，食糧売買によって資金の余裕ができた農園主などが株券を購入するこ

とによって，企業が生産活動を開始するので地域内の失業は少なくなる。しかし，世界全体の飢餓と失業の多さによって，ゲーム前半でテロリズム・リスクは高くなり，北・西で誘拐が発生するが，その対処はゲーム中盤に持ち越される。

中盤のフェーズでは，北・西地域と南・東地域との間で交換される主な資源は，労働力とその賃金としての通貨である。南・東の飢餓と失業によってテロリズムのリスクが高止まりしているので，北・西で誘拐による被害が続く。この段階でテロ発生を防止しようとの豊かな地域での取り組みが始まる。北・西の農園主は食糧を増産して，南・東の飢餓を解消しようとし，企業も生産規模を拡大して南・東の失業を解消しようとする。南・東は食糧購入と失業による貧困，経済成長のもとでも低賃金のままであることから，企業からの搾取を解消しようとする。

後半のフェーズでは，4つの地域は環境汚染リスクを低下させる浄化資金として通貨を拠出する。それまでの食糧増産と経済成長によって環境汚染レベルが上昇し，環境問題の発生リスクが高まるので，それぞれの地域がリスクを下げるためにどれほどの浄化寄金を出すのかに関心が集まるようになる。しかし，各地域ともに経済成長や個人的豊かさの追求を優先しているために，環境問題を事前に防ぐことはできないことが多い。そのため，共通の危機としての環境問題の発生によって全地域で協力せざるをえなくなる。協力による問題解決によって，それまでの地域間対立は少し緩和して，世界は安定状態に達してゲームは終了する。

以上のように，ゲームの中で次々に生じてくるリスク問題を解決していくことによってフェーズが推移する。ところが，プレーヤーがうまく問題に対処できないケースでは，ゲーム進行が停滞したり，最悪の場合には終了予定の第7セッションになっても，飢餓や失業，あるいはテロリズムや環境問題が解決できないままのこともある。

2-2-1　ゲーム前半のフェーズ

前半のフェーズは，豊かな地域と貧しい地域のプレーヤーがそれぞれに特徴のある世界観や地域文化を形成する時期である。プレーヤーは，それぞれが最も関

心を寄せる問題を解決するなかから，地域ごとに独自の特徴をもつ考え方や行動の仕方を共有するようになる。

　豊かな地域では，食糧の確保による最も基本的な生存の目標がすぐに解決されるので，資産の蓄積の目標に関心が移る。農園主は食糧と交換に手に入れた資金を，また他の住民も手持ちの資金を，自分の地域の企業に投資する。それをもとに企業は生産を開始する。

　貧しい地域では，食糧の確保が最も重要かつ緊急の問題であり，この問題の解決に関心が集中する。手持ちの少ない資金と交換に豊かな地域の農園主から食糧を購入するが，地域の半数ほどの住民が確保できないことが多い。そのため飢餓の状態がゲーム前半のあいだ続くことになる。また，豊かな地域の企業の生産規模がゲーム前半ではまだ小さいために，貧しい地域の住民はその労働力を売ることもできない。貧しい地域での飢餓と失業によって，世界全体のテロリズムのリスクは急激に高まる。

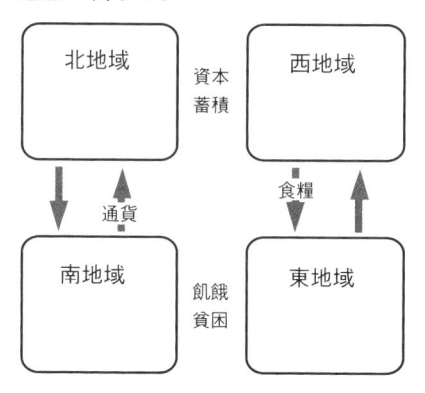

図 2-1　ゲーム前半の地域間関係

プレーヤーのレポートを交えながら，最初からの動きを追ってみよう。

　ゲームを始める前には，期待と不安が交錯した状態にみんなが置かれている。

> ● 飢餓の心配がなく，ぬくぬくと暮らせるといいなとゲーム前に思った。

ゲームが開始されても，最初のうちはほとんど動きがない。

> - 何をしていいかわからず，みんな座り込んでいた。地域の多くは顔見知りでないので，お互いに様子見で動こうとしない。時折ぽそぽそ話し声がするだけで，時間だけがどんどん過ぎていった。

　進行係がゲーム開始を告げても，プレーヤーに目立った動きはない。ルールブックをめくって，最初に何をすべきなのかを探している。ルールの断片をつなぎ合わせて，自分が置かれている状況を理解しようとするが，全体像としての仮想世界の具体的で明瞭なイメージは浮かんでこないので，すぐに行動を起こすことが難しい。

　それでも，プレーヤーはどの地域にいるのかによって，地域特有の異なる見方や感情をすぐに抱くようになる。

> - 北の地域になったのでうれしかった。ほっとした気分と少しばかりの優越感も生まれた。
> - 南の地域の住民である自分の無力感と豊かな地域への羨望を感じた。

　ゲーム開始直後には，地域メンバーとの強い連帯感をもつまでには至っていないが，地域という社会的カテゴリーによる区別を意識するようになる。

　やがて，近くのプレーヤーどうしで何をすべきかについて相談が始まるが，地域全体での話し合いまで進むことは少なく，地域の統合はもう少し先になる。情報交換によって，生きるために食糧を確保しなければならないとの認識が共有され，個別に農園主と食糧売買の交渉を始める。

> - 貧しい人々は今を生き残るために北の農園主のところに殺到した。
> - 食糧の値段が高く，まるで闇米のような価格だと思った。
> - 最初は，世界はおろか地域にも愛着はなかった。財産を増やそうとか，地位を向上させようという欲求があるわけでもなく，ただ自分の生存しか興味がなかった。

食糧を確保した者は，今度は労働力チケットを売ろうとする。しかし，資本金の少ない企業は自地域の住民を優先的に雇用するので，貧しい地域の住民が雇用される機会は最初のうちはほとんどない。

- 企業は株を買った住民を優先して雇用するので，株を買えない貧しい地域の住民は失業することが多かった。
- 自分たちはお金も企業もないから，何をしても無理なのではと劣等感をもってしまった。

このような食糧や労働力の売買交渉から，地域ごとに帰属意識に違いが見られるようになる。

- 食糧確保や就職に同じように苦労するという共通の境遇と，貧しい地域に割り当てられた不満や剥奪感を皆が感じていたことが，地域への帰属意識を強めた。
- 豊かな地域では，自分主義で独立しており，連帯感が弱く，2,3人ずつのサブグループに分かれていた。

共通の利害と関心をもつ貧しい地域の住民は，単独では個人目標を達成するのが困難で，個人の力も弱いことを自覚し，団結する必要を感じる。自然に発生したリーダーを中心にした地域での話し合いによって，資産や食糧の共同管理にまで進むことも多く，他地域との交渉も全体で行うという集団主義的（共産主義的）文化，すなわち望ましい行動の仕方が共有されて，地域の凝集性も高くなる。

- 最初は各自で何をすべきか考えていたが，次第に真ん中のテーブルに集まるようになった。企業も食糧もない自分たちが，最後まで生き抜いていく方法とは何かをみんなで模索した。

ところが，企業や農園主など役割や利害の異なる住民で構成されている豊か

な地域では、一人ひとりが自分の個人目標を追求するというかなり個人主義的あるいは資本主義的文化ができ、地域全体の凝集性もあまり高くない。地域単位の統合は他地域との対立やテロ発生という地域共通のリスク問題が顕在化する中盤のフェーズまで見られないことが多い。

> ●豊かな地域では組織化のスピードは遅いようだ。企業や農園主など自分の役割を果たそうと必死で、互いの間に距離ができてしまう。

このように、地域ごとの世界観や組織文化の違いが生じてくる。

2-2-2　ゲーム中盤のフェーズ

中盤のフェーズは、地域間紛争のリスクが問題となる時期である。ゲーム前半からの大量の飢餓と失業によって、豊かな地域の住民に対するテロリズムが発生し続ける。そのリスクを回避するためには、豊かな地域は資金の一部を食糧増産に消費して、貧しい地域での食糧不足を解消し、さらに生産規模を拡大して貧しい地域での失業を解消しなければならない。

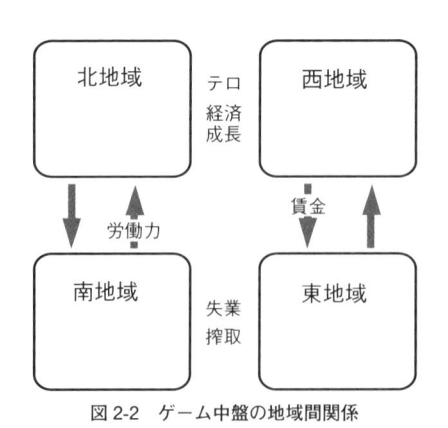

図 2-2　ゲーム中盤の地域間関係

> ●地域で誘拐が起きてから、一気に地域内の人の意識がつながった気がした。どうすれば、テロリズムのリスクを下げられるかを話し合った。
> ●テロが起こり、失業が大きな原因とわかり、企業の役割の大きさと責

- 任の重さを実感した。
- 豊かな地域でテロが発生したという情報が入っても，自分たちには関係がないので，廊下一つ隔てた地域間の壁は厚いと思った。

ところが，そのような取り組みを通じて，豊かな北と西地域の利害対立が顕著となっていく。2つの豊かな地域は，食糧と交換に貧しい地域から得た資金と自分たちの手持ちの資金によって，企業の生産規模を拡大してきた。利益を増やすためには，他地域の企業よりも生産規模を大きくすることが必要なので，貧しい地域から新たに労働力を獲得しようと両企業の競争が激しくなる。

貧しい地域は食糧の確保ができるようになったために，次に貧困の解消に関心が移る。自分たちの労働力に今までより多くの賃金を企業に要求するようになるので，豊かな地域と貧しい地域との対立も激しくなる。

そのような地域間関係のもとで，各地域のプレーヤーは自地域との一体感を強め，かなり極端な内集団びいきや他地域に対するステレオタイプな偏見を共有するようになる。

- テロが起きたとき，北の我々はこんなに他地域につくしているのになぜだとみんなが憤慨した。しかし，これは裕福な人の物差しから見た考えであったとゲーム後に気づいた。実際は，自分たちだけが潤っていて，南は貧困にあえいでいたのだ。
- 地域の違いを強く感じるようになった。貧しい地域は暗く重い雰囲気で，連帯感が強い。他の地域に行くと違和感を覚え，自分の地域に戻るとほっとした。地域への所属感は自然に生まれるのだと思った。
- ゲームが進むにつれて，それぞれの地域の豊かさの違いを痛感した。北の企業は安い賃金で人を雇い，ぼろ儲けをしているらしいということが伝わってきた。それを聞いてストを起こそうということになった。

最初のうちは企業の言いなりの安い値段で労働力チケットを売っていた貧しい地域は，労働団体を作り自分たちは企業に搾取されていると主張し始める。北西と南東との資産格差を不公正だと考え，格差是正のために，政党や労働団

体を中心に地域全体での抗議行動を相談する。ストライキ，暴動などの抗議行動をとると北や西の企業を威嚇しながら賃上げを交渉するようになる。そのような集合行為とその成果によって，地域の連帯感はさらに強まっていく。

- 地域で結成した労働団体による賃上げの運動のおかげで，地域内の協力や信頼が一層高まった。
- ある1つの地域だけがお金をたくさんもっているからといって，世界が豊かだとはいえない。

2-2-3 ゲーム後半のフェーズ

後半のフェーズは，全地域共通のリスクである環境汚染の問題が発生して，4地域はそれを共同で解決せざるをえなくなる時期である。ゲーム開始からこれまでの企業の生産活動によって，徐々に環境汚染が悪化していた。さらに，汚染を浄化するための費用を負担する人々が少ないために，環境汚染リスクを低減できない。そのために，環境問題が発生して，多数の住民が死亡するリスクが顕在化する。この危機事態を4地域共同で回避するという取り組みによって，それまで対立していた地域が互いの利害を調整し，資源の分配や環境浄化の費用負担についての合意を作りだしていく。

環境問題の発生前にも，環境団体など1部のプレーヤーは環境汚染リスクの

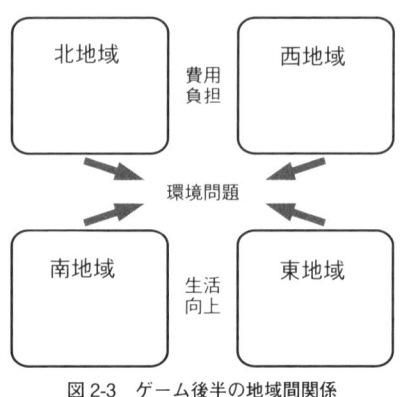

図2-3 ゲーム後半の地域間関係

上昇を心配してはいても，企業をはじめとして地域全体で浄化寄金を拠出するという動きには結びつかないことが多い。共通利益としての環境浄化と個人利益を損なう寄金の間に存在する社会的ジレンマの構造が，事前の共同的な対処を遅らせる主な原因となる。

- 環境問題が起こらないとその深刻さはわからない。寄金も自分がしなくても誰かがしてくれると思っていた。
- 貧しい地域はお金への執着が強く，企業がないので環境汚染への関心は極度に低い。
- 自分を守ることに精一杯で，他人に融通するお金もないし，寄付する気もなかった。自分は貧しい地域の住民だという思いこみが強く，広い心をもつ余裕なんてなかった。
- テロの防止に集中していると突然に環境問題が起こった。テロリズムのリスクを下げると，両刃の剣のように環境汚染リスクが上がったのだ。

環境問題が発生した後での4地域での交渉の際には，問題発生の責任の所在や問題解決の費用分担について認識の違いが起きることも多い。

- 豊かな地域の企業や環境団体が環境浄化に寄金したことを貧しい地域は知らなかった。情報不足が地域感の不信感を高めた。
- 豊かな地域は企業に就職している南や東の労働者にも責任があると考えるのに対し，貧しい地域は企業のある北や西の責任だからかれらが費用の大部分を支払うべきだと考えた。

しかし，4地域共通の危機事態であり，それを回避するためには世界全体の協力が不可欠であるとの認識をほとんどのプレーヤーがもつようになる。そして，全体で環境問題を解決したことを契機として，地域間の協力関係が促進される。それまで対立したりして交流のなかった地域間の意思疎通が行われ，世界全体の問題についての合意もできるようになる。それにつれて，地域利益優

先のリージョナリズムにとらわれていた住民が，世界全体にまで視野を拡げるようになる。

> - 環境問題発生までは，地域が独立していて，対抗意識があったのに，問題を解いているときに世界が初めて一つになった気がした。
> - これまで個人の利益を優先していたが，環境問題をきっかけに，全体で助け合おうという意識に変わった。世界は大きく成長した。
> - 地域や役割や貧富の差なく，世界の一員であるという同等な立場でパズルを完成させて，環境問題を解決できたのはうれしかった。
> - 境遇のあまりの違いについ被害者意識をもってしまいがちだが，企業や農園主のおかげで世界が成立しているという面もあった。環境問題は全員の責任だと思うようになった。

2-2-4　ゲーム終了後のディブリーフィング

　ゲーム後のディブリーフィングとは，ゲームの出来事を振り返る作業である。ゲームの中で起きた出来事を思い起こし，それぞれの出来事が起きた原因について理解を深める。そのために，すべての地域のプレーヤーが集まり，地域によってゲームの主な出来事の意味やその原因の見方が異なるのか同じなのかを知るために，お互いに意見を述べ合う。ゲームの出来事の見方が異なるとすれば，それはなぜそうなったのかについて一緒に考える。また，ゲームの中で行き違いや誤解があれば，それについても冷静に振り返り，誤解を解き，互いの見方が異なったことを理解できるように努める。最後に，ゲーム全体の展開をレポートにまとめる。なお，ゲームの出来事についての社会心理学からの理解を深めるためには，3章以降の内容を参照することが必要になる。

　最後にゲーム終了後にプレーヤーがもった感想のいくつかをあげておく。ゲームに深くコミットすることでそれぞれの役割に応じたユニークで現実感のある世界観をもつことに気づくようになる。また，ゲームを振り返ることによって，より広い視野からの見方ができるようにもなる。

- 今まで人生はゲームだなんて言ってる人は不真面目だと思っていた。でも，仮想世界ゲームを体験して，それも真実だと思った。人生はやはりゲームだ。
- ゲームを終えた瞬間にまず感じたことは，個人目標を達成できたかどうかより，達成するまでに起こるさまざまな問題を解決できたという満足感だった。
- 自分の意識の移り変わりに驚いた。最初は自分のことだけ，次に政党に自分の活動が広がると地域のことを考え，環境レベルを気にするに従って世界の中の自分を意識し始めた。
- ゲームの中盤から後半の動き，階級社会，環境問題，社会の安定による無気力化などはぞっとするほどリアルだった。
- ゲームの説明を受けたときは，ルールが複雑で面倒くさく感じ，ゲームをするのが億劫だった。しかし，ゲームをした後はよかったと思った。
- たった1日だけだったが，すっかりゲームにはまっていた。仮想世界の中でゲームで与えられた役割になりきってしまうとは思わなかった。

2-3 まとめ

　仮想世界ゲームの展開は大きく3つのフェーズに分かれることが多い。前半では，豊かな地域と貧しい地域の間で食糧と通貨が交換される。それによって貧しい地域の飢餓は解消するが，そのかわりゲーム開始前よりも貧しくなる。豊かな地域は，企業が生産を始め，それによって地域内の失業問題は解消する。中盤では，貧しい地域の失業が解消しないので，テロリズム・リスクが下がらず，豊かな地域で誘拐が続く。テロリズムを回避するために，豊かな地域は生産規模を拡大して貧しい地域の失業を解消する。後半では，それまでの食糧増産と経済成長によって環境汚染リスクが上昇し，環境問題が発生する。世界全体の共通の危機へのすべての地域の協力によって，それまでの地域間対立は緩和してゲームが終了する。

3 他者や他集団についての原因帰属
：他者を理解するときのバイアスとはなにか

3-1 仮想世界ゲームでの「現実」の見え方の違い

　仮想世界ゲームでは，豊かな地域か貧しい地域か，政党・農園主・企業・環境団体かどうかによって，世界の見え方が違ってくる。

　ゲームが始まると，まず誰もが食糧を手に入れなければならない。最初は食糧を入手できないことが多い貧しい地域の住民にとって，入手できなかった理由を考えることは重要だ。「農園主がえこひいきで同じ豊かな地域の住民を優先して食糧を販売した」と考えたり，「食糧は生存に不可欠だから，本来なら農園主は安い値段（あるいはタダ）で販売するべきなのに儲けようとした」と考えて，その行動から農園主の性格をネガティブに評価するかもしれない。一方，農園主は，「食糧は住民の人数よりも少ない数しか用意されない」「開墾はコストがかかる」「ゲームの目標には生存の他に資産を増やすこともあげられており，食糧の売買により資産を増やそうとするのは当然である」，とゲームのルールを自分の行動の理由にしやすい。

　また，無料で旅行できる政党主は他地域の住民の状況や彼らの考えを理解するチャンスも多い。環境団体は進行係から環境汚染リスクの詳しい情報を得ることができる。一方，各地域，とくに貧しい地域の無役の住民は，自分や自分の地域の住民の食糧の入手状況や就業状況がわかる程度だ。世界全体の状態はテロリズム・リスクや環境汚染リスクのおおよその高さは掲示でわかっても，他地域の人々がどのような状況かはほとんど知らない。同じ「仮想世界」にいても，得ている情報によって世界の見え方は異なるといえるだろう。

　こうした資源格差・情報格差があるなかでテロや環境問題が発生すると，問

題発生の責任を他者・他地域のせいにして,「相手が悪い」と考えやすい。貧しい地域は,環境問題の発生は開墾や生産により環境汚染リスクを上げた農園主や企業にあると考えやすい。一方,豊かな地域,とくに農園主や企業は,貧しい地域にも環境問題発生の責任はあると考えるだろう。貧しい地域の人々は農園主が開墾した食糧で生存し,生産を拡大した企業に雇用されることで,資産を増やせるといった恩恵を受けたからだ。

このように,所属地域や役割によって,ゲームの中で起きる現実の「見え方」が違ってくる。こうした違いはなぜ起こるのだろうか。

3-2 基本的な原因帰属の仕組みとそのバイアス

3-2-1 基本的な原因帰属の仕組み：共変モデル,因果スキーマとしての割引・割増原理

❶ 共変モデル

自分自身や所属集団あるいは他者・他集団の振る舞いに理由づけをすることは原因帰属と呼ばれ,社会心理学の基本的な理論の1つである。原因帰属のプロセスとして,ケリー（Kelley, 1967）は共変モデルを示した。

共変モデルとは,いわば,「火のないところに煙は立たず」ということで,出来事とともに変化する事象から私たちは原因を推論するという考え方だ。このとき,ある行動や出来事に対して,いろいろと考えられる原因の中から,どれが最終的に原因と判断されるのだろうか。共変モデルでは,ある出来事の原因を「行為者」・「対象者」・「状況」の3つに分類している。そして,この3つのうちのどれが原因かは弁別性・一貫性・合意性の3種類の情報から,考えられる原因と結果の共変関係を考慮して原因帰属が行われるとされる。弁別性とは,他の対象が相手でも同じ行動が起きるのかについての情報である。一貫性は,いつもその現象や行動が起きるかどうかである。合意性は同じ状況で誰もがみな同じように行動するかどうかである。

たとえば,仮想世界ゲームで,ある農園主が東地域の住民に食糧を3Sで売った場合の原因帰属を考えてみよう（表3-1）。このとき,弁別性とは,その農園主は,東地域にだけ3Sで売り,他の地域には別の値段（たとえば6S)なのかということである。一貫性とは,いつも,つまりどのセッションでも,そ

表3-1 共変モデルに基づく仮想世界ゲームでの食糧販売の原因帰属
(Fiske & Taylor, 2007 を参考に作成)

弁別性情報	弁別性高				弁別性低			
	その農園主(行為者)は東地域(対象者)だけに食糧を3Sで売る				その農園主(行為者)は他の地域にも食糧を3Sで売る			
一貫性情報	一貫性高		一貫性低		一貫性高		一貫性低	
	その農園主はいつも3Sで売る		その農園主はいつも3Sで売るわけではない		その農園主はいつも3Sで売る		その農園主はいつも3Sで売るわけではない	
合意性情報	合意性高	合意性低	合意性高	合意性低	合意性高	合意性低	合意性高	合意性低
	他の農園主も東地域に3Sで売る	その農園主だけが東地域に3Sで売る	他の農園主も東地域に3Sで売る	その農園主だけが東地域に3Sで売る	他の農園主も東地域に3Sで売る	その農園主だけが東地域に3Sで売る	他の農園主も東地域に3Sで売る	その農園主だけが東地域に3Sで売る
原因の帰属	東地域(対象者)に食糧を3Sで売らせる原因があった	その農園主(行為者)と東地域(対象者)の両方が原因	そのセッション(状況)では農園主の誰もが東地域に3Sで売る理由があった	そのセッション(状況)では農園主(行為者)にとって東地域(対象者)に3Sで売る理由があった	農園主(行為者)と東地域(対象者)のどちらも原因でありうる	安い値段で売る優しい性格だと農園主(行為者)に帰属	特定の原因に帰属することが難しい	特定の原因に帰属することが難しい

の農園主は東地域に食糧を3Sで売るのかということである。合意性とは，誰でも，つまり他の農園主も東地域には食糧を3Sで売るのか。ということである。弁別性・一貫性・合意性のいずれも高い，つまり，その農園主が他地域には別の金額で売るが，東地域にはどのセッションでも3Sで売り，他の農園主も東地域に3Sで売っていれば，「東地域の住民」という対象者の属性に3Sで食糧が渡される理由があると考えられる。一方，弁別性は低く，一貫性も低いが，合意性は高い場合，たとえば，その農園主が北や南の地域にも，そのセッションだけは3Sで売っており，他の農園主も3Sで売っていた場合は，そのセッションでそうせざるをえない理由があった（たとえば，多くの住民が前のセッションでの食糧の値段に対して不満をもち，暴動などの抗議行動が行われたなど）と状況に原因帰属される。

❷ 因果スキーマとしての割引・割増原理

しかし，共変モデルで必要とされる3種類の情報はいつもすべて手に入る

わけではないのに，私たちは原因帰属をすることができる。この説明としてケリー（Kelley, 1972）は，私たちがすでに学習している因果関係についてのパターンを当てはめて原因帰属をしていると考え，因果スキーマと呼んだ。この因果スキーマで，ある原因が特定の結果を引き起こす力の大きさの判断に使われるのが割引原理や割増原理である。ある事象の原因としての影響力の評価は，他にもっともな原因が存在すれば割り引かれるというのが割引原理である。逆に，その結果が起きることを抑制する要因があるときに，原因の影響力をより大きく評価するのが割増原理である。

仮想世界ゲームの出来事でいえば，貧しい地域の無役の住民が他者の分まで食糧などの交渉を引き受けて豊かな地域に出かけるのは，「もともと所持金が少ない」「旅行費用を払う必要がある」といった豊かな地域に出かけることを抑制する要因がある。このため，割増原理が働き，「みんなのことを思って行動してくれた」とその人の内的属性に強く原因帰属されるだろう。しかし，同様にみんなの分までチケットの交渉を引き受けて豊かな地域に出かけるのでも，政党主の場合は旅行費用がかからないため抑制要因がない。むしろ役割上「自分たちの地域のことを考えて動くのは当然」と割引原理が働き，本人の内的属性への原因帰属はあまりなされないだろう。

3-2-2　原因帰属の3つのバイアス

では，私たちはいつも共変モデルに基づいて原因帰属を行うだろうか。葛藤場面では，同じ現象に対しても所属集団や役割などにより原因帰属は異なる。他者の行動の理由を内的属性に求めやすい対応バイアスの研究例を見てみよう。

普段でも，たとえば，複数の部署や複数の会社が協力して行う仕事がうまくいかずにもめるとき，自分たちに対する評価と他者に対する評価は対照的になりやすい。トーマスとポンディ（Thomas & Pondy, 1977）は，組織の管理者に対して，自分たちの組織（自集団）と他の組織（他集団）との間の葛藤の際にそれぞれがとった対応について評価を求めた。その結果（図3-1），自分たちの行動が葛藤解決に協力的である「協力」「妥協」「和解」と帰属した管理者が74％を占めた一方，「競争」は他者の行動への帰属が73％を占め，「回避」とされた行動も他者の組織の方が多いという結果であった。この結果からは，自分

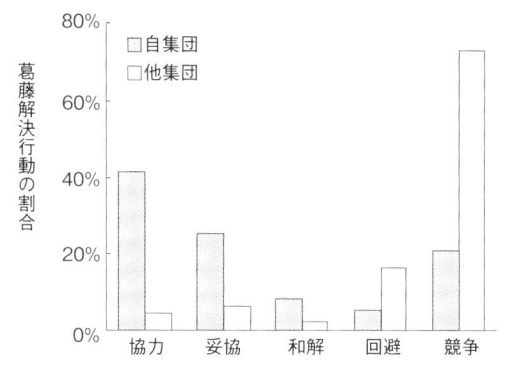

図3-1 組織管理者による自集団・他集団の葛藤解決行動についての評価の不一致（Thomas & Pondy, 1977 より作成）

たちの行動は葛藤解決に向けたものと評価し，相手の行動は葛藤解決に協力的ではないと評価していることがわかる。

また，オービスら（Orvis et al., 1976）は，カップルの2人が異なった説明をしている行動の原因帰属を調べた。このような行動のほとんどは2人のうち一方による不快な行動とされていた。この不快な行動の原因帰属について，行動の被害者であるパートナーは行為者の内的特性や態度に原因帰属する傾向があった。一方，行為者自身は自分のネガティブな行動を自分の置かれた状況などに原因帰属して弁解や正当化をしやすいことを示している。

所属や立場によって，「現実」が多元的となるのは，対立・葛藤の原因帰属が異なるためと考えられる。ここでは，原因帰属の偏りやエラーを3つのバイアスに整理しよう。

1つ目は，役割に固有な視点であることによる情報バイアスである。視点が違うと入手できる情報は違ってくる。そして，入手した情報が違えば，その情報に基づく認識にも違いが生まれてくる。

2つ目は，対応バイアスに基づく認識バイアスである。オービスらの研究では，被害者の立場であるときに，他者の内的属性に原因帰属する傾向が見られた。私たちは他者の行動の原因帰属をするとき，状況や役割に基づく行動であったとしても，それらのためではなく，行為者の特性（内的属性）のためであると原因帰属してしまう対応バイアスの傾向がある。とくに葛藤場面では，役

割の影響を見落としたり、軽視することが多くなる。

　3つ目は、自己高揚や自己防衛の目的による動機バイアスである。私たちは、自分の自己イメージ（個人・所属集団のイメージとしての社会的アイデンティティ）を望ましいもの・良いものとしていたいという基本的な欲求がある（9章参照）。自分や自分の所属集団に葛藤や対立の責任があると考えることは、自分や自分の所属集団が悪いということになり、良いイメージを維持することができなくなる。そのため、他者や他集団のせいにして自分や自分の所属集団を守る。

　たとえば、ルーとラッセル（Lau & Russell, 1980）はプロフットボールの試合結果に対する選手・コーチ・評論家の原因帰属の違いを検討している。チームのメンバーである選手・コーチにとって、集団的自己イメージを良いものに維持し、イメージ低下を防ぐという自己高揚・自己防衛動機は重要である。このため、選手・コーチと、外部の評論家との間には原因帰属に違いが見られると考えられる。チームが勝利した場合、選手・コーチが自分たちのチームの選手の活躍や能力、戦術など内的な理由に原因帰属する割合は評論家よりも高く、自分たちの自尊心を高めていたといえる。逆にチームが負けた場合の原因帰属は、運や天候、相手チームの有利さなど外的要因に原因帰属する割合は、評論家よりも選手・コーチが高く、自分たちの能力が相手より低かったせいではないと自己防衛したといえる。勝負事のような葛藤場面では、自己の内的要因に敗北の原因帰属をすることは自尊心の低下が大きいため、とくにこのような傾向が見られやすいだろう。

　オービスらの研究で、葛藤の責任を相手の内的属性や自分を取り巻く状況のせいにしたり、トーマスとポンディの研究で、組織管理者が自分たちは葛藤解決に役立つ行動を多く取っていると評価したのも、自分たちの行動は望ましいと考える動機バイアスの影響と考えることもできる。

3-2-3 「誤解」はなぜ起こるのか？バイアスの原因
❶対応バイアスの原因
　では、なぜこうしたバイアスが起きるのか。対応バイアスから見ていこう。
　ある人が何かの行動をとったとき、その行為の原因は大きく、①本人の性格や態度のような内的属性、②役割や社会的地位（果たすべきことをした）、③状

況(そうせざるをえなかった)の大きく3つのうちのどれかということになる。そしてその3つのうち,役割や状況など外的要因を過小評価し,その人自身の内的属性を原因として過大視することで生じるのが対応バイアスということになる。たとえば,貧しい地域の住民が食糧を入手できなかったことの原因帰属をする場合,農園主のもつ食糧チケットの枚数は限られているという状況要因は過小評価し,農園主の性格など内的要因を原因として過大視しやすい。

　貧しい地域の住民にとって「なぜ農園主は食糧を自分に売ってくれなかったのか」の原因帰属をすることは,彼らが次のセッションでの農園主の行動を予測し,今度は食糧を入手できるようにする上で大切だ。同じように集団で生活するうえで他者の行動の原因帰属を行い,相手の次の行動を予測することは重要だ。このとき,状況が原因なら相手の次の行動は予測しづらいが,性格などの内的属性が原因なら次も同様の行動をとると予測しやすい。たとえば,ギルバートとマロン(Gilbert & Malone, 1995)の対応推論の3段階モデル(本章3-2-5で紹介)のように,行動から内的属性である態度を推測するプロセスは無意識的・自動的に起こるとされる。態度(内的属性)と行動は一貫したものと考え,内的属性を重視する傾向は私たちが生きていくうえで身につけてきた重要な認識のメカニズムとも考えられる。そして,たとえば「あの農園主はみな自分の利益しか考えない人だから,援助しようとしないのだ」などというように個人に対してだけでなく,「あの地域の人たちはみな,あんな性格の人々だからこんな行動をとるのだ」と集団メンバー全体に対する推論もなされる。

　さらに,観察された行動から態度を推測するのは,その行動が態度とは別の要因の影響を受けていることが伝えられた場合でも起こる。ジョーンズとハリス(Jones & Harris, 1967)では,エッセーの記述を読んで書き手の態度を推測させる実験で,書き手本人がエッセー内容のカストロ議長に対する賛成または反対の意見を自由に選んで書いた条件と,教師が書き手に賛否を割り当てて書かせた条件で比較した。自由に選択したならば,書き手自身の態度とエッセー内容は対応していると推論できる一方,教師に割り当てとして強制された賛否の立場で書いた場合は割り当てられた役割に原因があり,書き手本人の態度はわからないはずといえる。それにもかかわらず,実験結果では,強制条件のエッセーを読んだ実験参加者は,対応バイアスにより,エッセーの内容が賛成

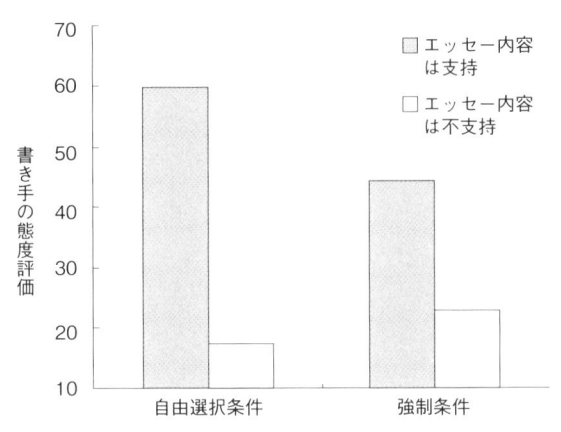

図 3-2 書き手の態度の推論（Jones & Harris, 1967 から作成）
得点は 10 〜 70，高いほど「支持」と評価

なら書き手自身の態度も賛成，エッセーの内容が反対なら書き手自身の態度も反対だと推論した（図 3-2）。「書かれた内容」という行動を手がかりにして態度を推測しやすく，「立場を割り当てられた」という状況要因の情報を使いにくいことがわかる。

対応バイアスの原因としては，この他に，行動を説明する要因を探すときには行為者自身が周りの状況よりも目立ちやすいということ，行為者の個人内の情報を知らない（見えない）こともあげられる。

行動の説明因としての目立ちやすさ（顕著性）は，たとえば普段，周囲の様子を見るときに，私たちは動かないもの（たとえば，道路沿いの建物）よりも，動いているもの（たとえば，反対方向から歩いてくる人）の方に注意を向けやすい。目にしている光景の中で，行為者自身やその行為は目立ちやすい。また，周りの人々をカテゴリーに分類する手がかりとしても，見た目の違いや行動の違いが目立ちやすい。たとえば，性や人種のマイノリティーの人たちは写真の中で目立ちやすいことが指摘されている（Taylor et al., 1978）。大勢の男性の中に 1 人だけ女性がいることを「紅一点」というが，これも男性ばかりの状況では女性が目立つことからこうした言葉があるのだろう。

また，個人内部の情報が見えないことによる偏りがあることは，観察者自身は理解できなかったり，気づきにくい。ケリーは原因帰属に用いられる基本的

な情報として弁別性，一貫性，合意性の3つをあげたが，行為者が以前にも同じような場面で同様に行動したかどうかという一貫性についての情報を得られることは実際には少ない。また，行為者本人がある行動をとるにあたり，どんな情報をもとにしているか，ということも観察者は知ることはできない。

たとえば，ロスら（Ross et al., 1977）は，大学生を実験参加者として，半分を「出題者」，もう半分を「回答者」に割り当てて，クイズゲームをさせた。クイズの出題ルールは出題者がよく知っている事柄から出題すること，回答者が知るはずのない出題者のプライベートな事柄は出題してはならないことであり，このルールは回答者も知っていた。クイズゲームの結果，回答者の平均正答数は半分に満たなかった。クイズゲームの終了後，自分と相手の一般的知識の水準を所属大学の学生との比較で評価させたところ，評価結果は役割によって大きく異なった。出題者は，自分も回答者も所属大学の学生のほぼ平均レベルと評価した。一方，回答者は，自分は平均より低く，出題者は逆に平均よりかなり高いと評価した。

クイズゲームでの役割の違いによって，評価が異なった原因はなんだろうか。出題者は自分がよく知っていて問題を作りやすいテーマから選んで出題したことを自覚しており，他のテーマはあまりよく知らないと自覚している。一方，回答者は，クイズゲームの出題ルールという状況の制約を考慮せず，能力という内的属性に原因帰属して出題者を高く，自分を低く評価したと考えられる。

❷行為者と観察者との視点の違いから生まれるバイアス

行為者と観察者との視点の差異は，原因帰属の違いを生む3種類のバイアスのうち，主に情報バイアスと認識バイアスの原因と考えられる。情報バイアスは物理的な視点の違いによって入手する情報に違いがあることによるバイアスであるのに対して，認識バイアスは心理的視点（行動を観察する目的）によってどの情報に注目し，原因として選択するかということに違いがあることによるバイアスといえるだろう。

まず，物理的視点による情報選択については，葛藤場面では，行為者の表情などの非言語的行動は観察者にはよくわかる。一方，行為者自身は自分の表情などは直接観察できない。そして，観察者は行為者の行動が意味する態度や感

情を推測しようと注意を向ける傾向があるために，行動とその意図（行動の原因）の関連がより強く観察者に評価されることになる。

次に，心理的視点による情報選択については，行為者の立場からは，以前と今では，その行動場面でどんな違いがあるかということを重視し，状況と行動との対応（随伴性）の情報に注目する。そしてその場面ではどう行動するのが適切かを考えて実行するために，行動をとったときの状況の特徴に注意を向けて自分の行動の原因帰属をする傾向がある。一方，観察者が行為者の行動の原因帰属をするとき，行為者がさまざまな場面でとってきた行動の共通性を重視し，次に行為者はどのような行動をとるだろうかという行動の予測に必要な情報を探して注目しようとする。このとき，私たちは他者の行動が状況によって変わる不安定なものではなく，他者の一貫した思考や行動の傾向を見つけようとする。

3-2-4　原因帰属のバイアスの修正

このように，行為者と観察者では，物理的・心理的に視点が異なるために原因帰属のバイアスが生じるなら，視点を変えさせることでバイアスは修正されるのだろうか。この疑問に答えるとても興味深い実験が行われている。

ストームズ（Storms, 1973）は，4人一組の会話場面での実験を行い，4人の実験参加者は2人の行為者（会話者）と2人の観察者に役割分担し，自分（観察者の場合は自分が観察した行為者）の会話を評価させた。そのうえで，そのように自分（観察した行為者）が会話したと考えた原因として重視するのは個

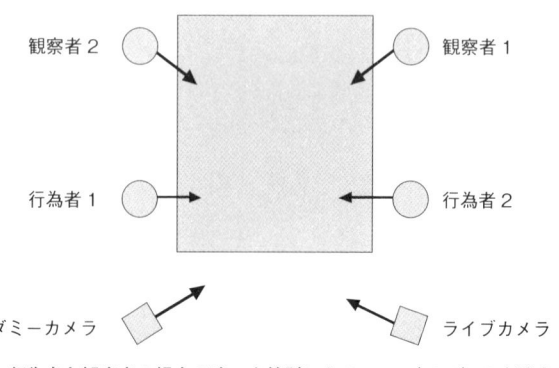

図 3-3　行為者と観察者の視点の違いを検討した Storms（1973）の実験室の配置

表 3-2 ビデオ映像視聴後の会話行動の原因帰属 (Storms, 1973 から作成)

原因帰属	同じ視点	新しい視点
行為者による原因帰属		
特性への帰属度	26	28
状況への帰属度	26	21
特性 – 状況	0	7
観察者による原因帰属		
特性への帰属度	27	26
状況への帰属度	22	24
特性 – 状況	5	2

人の内的属性か,状況要因かを評価させた。さらに,直接自分の視点で見聞きしたことのみに基づいてこれらの評価を行った「ビデオなし」条件と,自分と同じ視点から撮影された会話場面のビデオも見て評価を行う条件と,会話場面を行為者には観察者視点からのビデオ映像を,観察者には行為者視点からのビデオ映像を視聴させて評価をさせる条件を比較して,内的属性と状況要因のどちらを原因帰属において重視するかを検討した(実験場面は図3-3を参照)。

視点を変更した映像を視聴した場合,行為者の方が観察者よりも特性,つまり個人の内的属性に原因帰属をするという結果が得られ(表3-2),観察者の方が行為者の行動を個人属性に原因帰属しやすい通常の行為者 – 観察者バイアスとは逆の結果となった。

3-2-5 葛藤時にバイアスが生じやすいわけ

これまで見てきたように,対立・葛藤場面では原因帰属のバイアスが見られやすい。葛藤場面では,他者・他集団の振る舞いの原因帰属だけでなく,自分たちが問題解決のためにとるべき行動も同時に考える必要がある。このため,葛藤事態では,熟慮して対応するための時間的余裕や認知資源が不足したり,認知資源を十分に使えないことがバイアスが生じやすい理由と考えられる。

ギルバートとマロンは,行動などとその人の内的属性を対応させた推論を行う際の対応推論の3段階モデルを提唱している(Gilbert & Malone, 1995:図3-4)。それによれば,人は他者がどんな行動をとったのかを判断したうえで

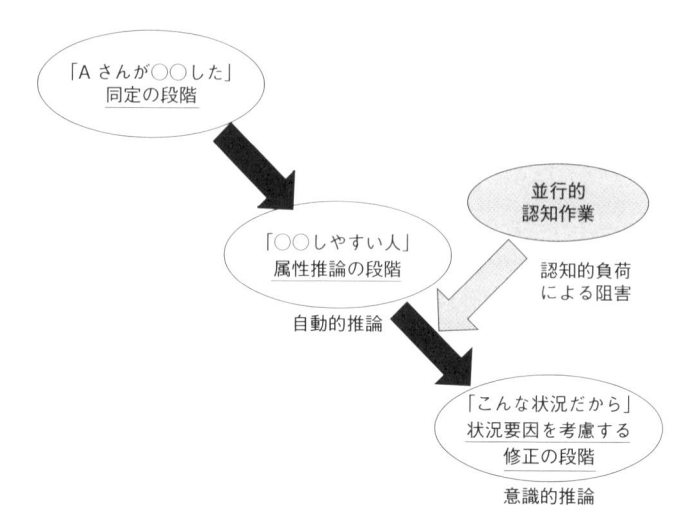

3　他者や他集団についての原因帰属

```
「Aさんが○○した」
　　同定の段階
        ↓
「○○しやすい人」              並行的
　属性推論の段階     ←        認知作業
                              ↓
     自動的推論              認知的負荷
                            による阻害
        ↓
「こんな状況だから」
  状況要因を考慮する
    修正の段階
    意識的推論
```

図 3-4　対応推論の3段階モデル（Gilbert & Malone (1995) を参考に作成）

(同定の段階)，その行動に対応する内的属性が自動的に推論される（属性推論の段階)。最後に，状況要因を考慮する修正段階として，誰でもそうするような状況だったかどうかを考慮して内的属性への帰属を修正する意識的な推論が起こるとされた。このとき，属性推論の段階との違いとして重要なのは，属性推論の段階は無意識的・自動的に起こるとされているのに対して，修正段階の意識的推論には認知資源が必要とされることだ。このため，他者の様子を観察しながら自分なら同じインタビューに対してどう答えようかと考えるといった並行的な作業をしていたり，相手の行動から特性を理解して対応を急いで行う必要があるといった認知負荷がかかっている場合は，自動的な属性推論のままになりやすく，意識的な修正の推論が行われにくいということになる。

3-3　仮想世界ゲームにおける原因帰属のバイアスとその修正

3-3-1　原因帰属のバイアス

では，実際の仮想世界ゲームでは，どのように原因帰属のバイアスが見られるだろうか。まず，広瀬（Hirose, 1990）のゲーム終了時の世論調査結果から，情報バイアス，認識バイアス，動機バイアスのそれぞれについて，代表的なも

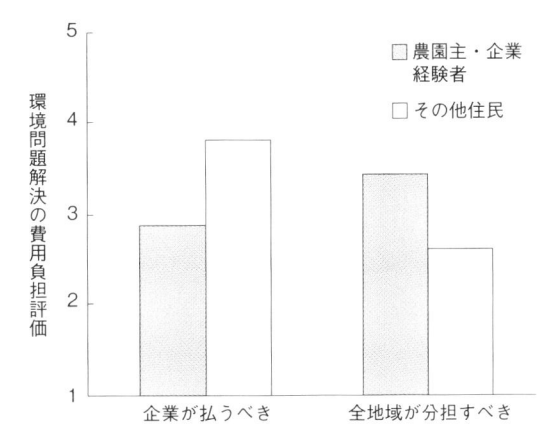

図3-5 環境問題解決の費用負担評価における役割による違い
得点は1〜5。5に近いほど「そう思う」(図3-6以下図3-9まで同様)

のを見てみよう。

❶ 情報バイアス

　役割によって入手する情報の違いによる原因帰属の違いが典型的に現れるのは，環境問題の発生原因や解決のための費用負担についての評価の違いだろう。企業または農園主の経験者と，その他の住民を比べてみよう。「企業生産の恩恵を受けた全員に環境問題の責任がある」について，企業・農園主の経験者の方がより強く「全員に責任がある」と考えた。逆に「環境問題は企業や農園主のみに責任があると思う」という項目では，企業・農園主経験者の方がより強く否定した。これらのことから，企業・農園主経験者は，自らの生産活動を通して環境汚染リスクを高めている一方で，生産活動が住民に役立っていることを理解しやすい立場にあるため，環境問題は全員に責任があると考える傾向が強いといえるだろう。解決費用の負担についても，「環境問題解決の費用はすべての地域が分担すべきだと思う」では，企業または農園主の経験者が「そう思う」と肯定的に，その他の住民は「そう思わない」と否定的に評価した(図3-5)。逆に「環境問題の解決費用は企業が払うべきだと思う」では企業や農園主経験者は「そう思わない」と否定的に，その他の住民が「そう思う」と肯定的に評価した。

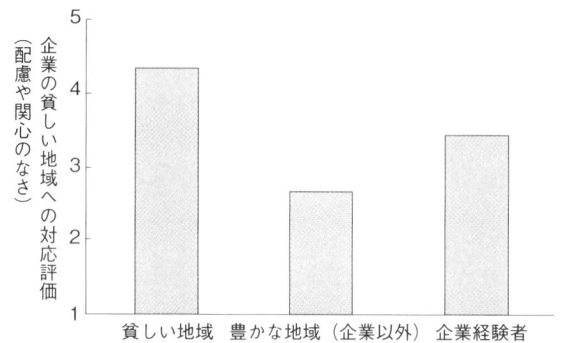

図3-6 「企業の貧しい地域への対応は配慮や関心のなさによると思う」の評価における役割の違い

❷ 認識バイアス

　認識バイアスとしては，被害者の立場である貧しい地域の住民は，豊かな地域の住民，とくに企業や農園主の望ましくない行動を性格や態度などの内的属性に原因帰属すると考えられる。「企業の貧しい地域への対応は配慮や関心のなさによると思う」について，貧しい地域の住民・豊かな地域の企業経験者以外の住民・企業経験者の住民の評価を比較した結果を見てみよう（図3-6）。貧しい地域が最も強く「そう思う」と評価していることがわかる。なお，企業自身よりも，企業以外の豊かな地域の住民の方が「そう思わない」と評価しているのは，自分たちの地域のメンバーである企業の役割の住民の評価を守ろうとする内集団びいき（第9章参照）の結果とも考えられる。

❸ 動機バイアス

　地域間対立の責任が自分たちにあると評価するか，また，トーマスとポンディのように自分たちと他地域の葛藤解決行動による評価が見られるか，見てみよう。環境問題についての責任は，❶の情報バイアスでも見たように，貧しい地域の住民は企業や農園主に，企業・農園主や豊かな地域の住民は仮想世界の住民全員に責任があると考えていた。解決のための費用分担はどうだろうか。「環境問題の解決費用は企業が払うべきだと思う」では，貧しい地域の住民の方がより「そう思う」と評価し，「環境問題の費用はすべての地域が分担すべきだと思う」では豊かな地域の住民の方が「そう思う」と評価している。

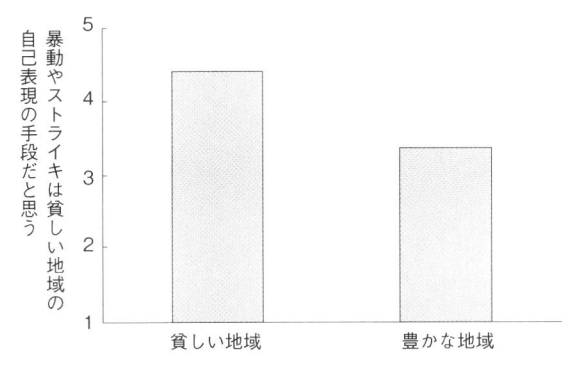

図3-7 「暴動やストライキは貧しい地域の自己表現の手段だと思う」の評価における地域の違い

では，問題解決のための自分たちや他者の行動についての評価はどうだろう。不満を対立相手との交渉で伝えても事態が改善しない場合，ゲームでは暴動やストライキなどの抗議行動をとることもできる。交渉で弱い立場にある貧しい地域の人々にとって，抗議行動をすることは自分たちの主張を伝える正当な手段だ。しかし，ストライキで被害を受ける企業や暴動によるテロリズム・リスクの増加で被害を受けるかもしれない豊かな地域の人々にとっては，抗議行動は葛藤事態をより深刻にする対立的で自分勝手な行動に見えるかもしれない。「暴動やストライキは貧しい地域の自己表現の手段だと思う」について，貧しい地域の住民はとても強く「そう思う」と評価したのに対して，豊かな地域の住民は貧しい地域の住民よりも肯定的ではなかった（図3-7）。

「地域間対立の時に自分たちはできるだけ妥協しようとした」については，豊かな地域の住民も貧しい地域の住民も「どちらともいえない」という評価であったが，「地域間対立の時に相手側はできるだけ妥協しようとした」についてはどちらの地域も「そう思わない」と回答していた。この点については，自分たちの地域の行動を葛藤解決的とする評価ははっきりと見られなかったものの，対立相手の行動を葛藤解決的ではないと評価した点はトーマスとポンディと同様といえる。

3-3-2 バイアスの修正

では，葛藤の深刻さが低減すれば，ギルバートとマロンの対応推論の3段階

モデルのように，バイアスの修正が見られるだろうか。前田（2010）（一部の結果は未発表）での調査結果を見てみよう。このときのゲームでは第5セッションで環境問題が起きているため，第4セッション終了時（環境問題発生前）と第6セッション終了時（環境問題解決後）に参加者に調査をした。

まず，環境問題発生前より環境問題解決後の方が貧しい地域の住民は，豊かな地域との対立の深刻さを低く評価し，葛藤の深刻さが環境問題発生後には低減したと評価されていることを確かめた。なお，豊かな地域の住民の評価は変化がなかった。

では，それぞれのバイアスも環境問題解決後には修正されたのだろうか。

まず，情報バイアスの修正について，先ほどの環境問題発生の原因帰属や解決費用の責任分担の項目の中から，「環境問題の解決費用は企業が払うべきだと思う」に対する評価の変化を見てみよう（図3-8）。環境問題発生前後とも農園主・企業経験者とその他の住民の比較では，「そう思う」と答えているが，環境問題解決後には平均点は下がり，環境問題発生前ほど企業が払うべきとは考えなくなっていることがわかる。

続いて，動機バイアスの修正が見られたか，地域間対立のときの行動の評価から見てみよう。それぞれの地域の住民の方が環境問題発生前は自己に都合よく葛藤解決的・相手は葛藤解決に非協力的と評価し，環境問題解決後にはその

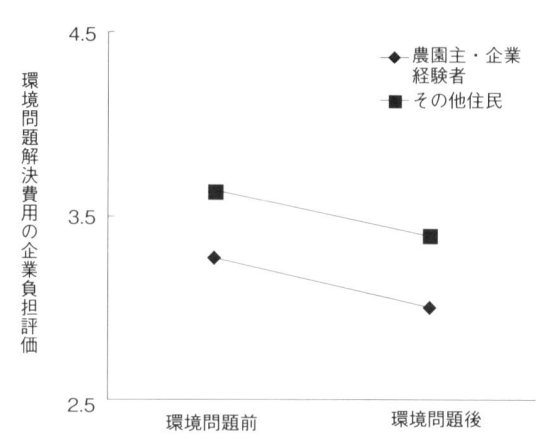

図3-8 「環境問題の解決費用は企業が払うべきだと思う」の評価の環境問題前後での変化

3-3 仮想世界ゲームにおける原因帰属のバイアスとその修正

傾向が低減しているだろうか。図3-9からは，「豊かな地域の住民はできるだけ妥協しようとした」について，貧しい地域の住民の評価が環境問題発生前では否定的な評価だったのが，環境問題解決後には肯定的な評価に変化したことがわかる。貧しい地域の住民に対する豊かな地域の住民の評価は，あまり変化は見られなかった。

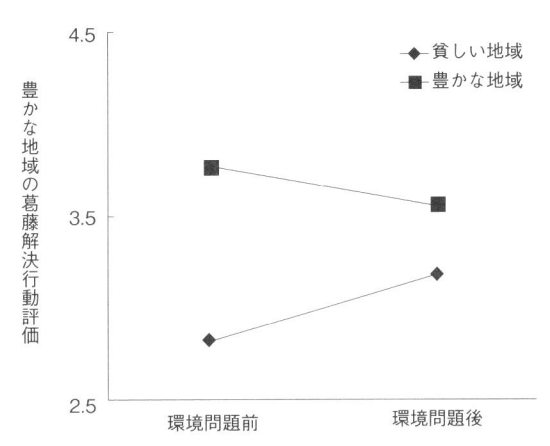

図3-9 「地域間対立の時に豊かな地域の住民はできるだけ妥協しようとした」に対する環境問題前後での変化

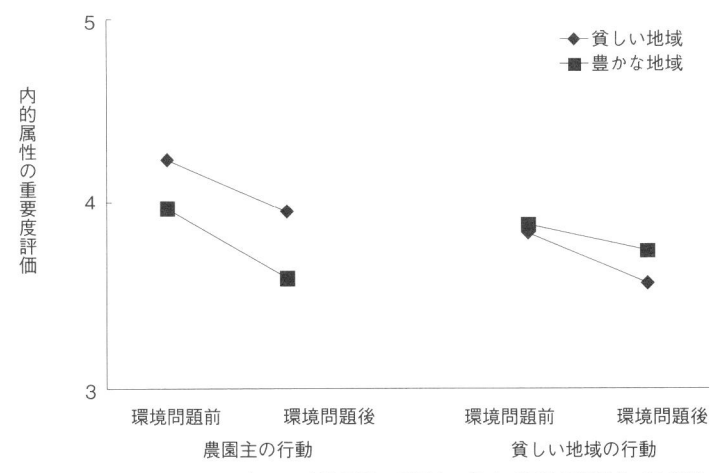

図3-10 原因帰属における個人の内的属性の重要度に対する環境問題前後での変化
得点は1～5，5に近いほど「重要」

最後に，認識バイアスの修正については，原因帰属における個人の内的属性への重要度が低下したか，見てみよう。食糧チケット売買交渉時の農園主の行動と貧しい地域の住民の行動について，環境問題発生前よりも，環境問題解決後に個人の内的属性の重要度は下がったことがわかった（図3-10）。

3-4 まとめ

相手の行為から，まず意図や態度，性格など内的属性に一次的な原因帰属をしたうえで，これを修正し，役割や状況に原因帰属し直すには認知資源が必要とされる。「相手の身になって考える」のは「言うはやすく，行なうは難し」だろう。しかし，行為者の特性に原因帰属をするばかりでは，葛藤は深刻化する一方となる。葛藤解決は，相手の視点での「現実」を知って状況の要因に目を向けることから始まる。これは仮想世界ゲームの中でも現実場面でも少しも変わらないだろう。

仮想世界ゲームの中では，所属地域の変更はできないが，さまざまな形で役割を交代するルールがある。ゲームの中で異なる役割を経験し，それぞれの立場での「現実」を知るチャンスが用意されているといえる。役割の交代や，環境問題が起きたときの費用分担の話し合い，あるいはゲーム後のディブリーフィングを通して，自分と他者の原因帰属が違っていたと気づくことで，「多元的な現実」の理解と葛藤の解決に一歩踏み出すことができるだろう。

4 リスク認知とリスク・コミュニケーション
：さまざまなリスクにどう対処すればいいのか

4-1 仮想世界ゲームで直面するさまざまなリスク

　私たちは日常世界においてさまざまなリスクと隣り合っている。たとえば，食生活におけるリスク，健康に関わるリスク，環境のリスクなどである。リスクは一般的に，「被害の生起確率」と「被害の重大性」の積として定義されている。リスクには，私たちがすでに気づき意識している顕在的なリスクもあれば，どのようなリスクがあるのかさえ気づいていない潜在的なリスクもある。私たちはこうしたさまざまなリスクに対してどのように対処すればいいのだろうか。

　仮想世界ゲームでは，第2章でも述べられているように，飢餓，テロリズム，貧困，失業，経済停滞，地域間紛争，環境汚染といったプレーヤーが解決すべき複数のリスクがある。こうしたリスクは状況に応じて偏って認識される。ゲーム序盤から中盤にかけては飢餓とテロリズムのリスクや経済停滞と貧困失業のリスクが，またゲーム後半では環境汚染のリスクがそれぞれ顕在的になり，そのリスクの回避や軽減が中心的な課題となる。図4-1の折れ線で示されたグラフは，実際に行われた仮想世界ゲームの進行に伴うテロリズム・リスクと環境汚染リスクの発生確率の値の推移を示している。テロリズム・リスクの発生確率はゲーム序盤で高く，その後徐々に低くなっていく。環境汚染リスクの発生確率は，ゲーム序盤よりも後半の方が高い値を示している。この2つのリスクの発生確率をプレーヤーはゲーム中に常時モニターすることができる。しかし，プレーヤーがそのリスクに関心をもって初めて，リスクは顕在化される。たとえばテロリズムの発生確率が高いと認知されると，プレーヤーは対処することもできる。図4-1の棒グラフは，飢餓，失業，テロリズム，環境汚染の4つの

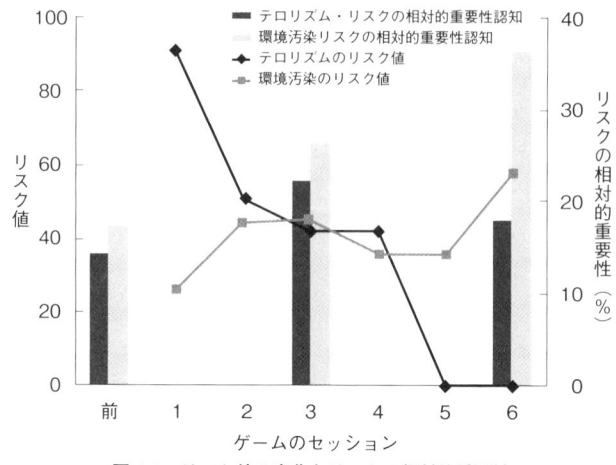

図4-1 リスク値の変化とリスクの相対的重要性

　リスク認知について，重要だと思う割合を全体が100％になるよう，ゲーム前，3セッション後，6セッション後にプレーヤーが回答した結果のうち，テロリズムと環境汚染の平均値が示してある。この事例では，テロリズム・リスク認知はゲーム中盤の3セッション後で最も高くなっている一方で，環境汚染リスクの認知はゲーム終盤にかけて直線的に高くなっている。同じ課題でも，豊かな食糧資源をもつ2つの先進工業地域と飢餓のリスクを抱える2つの発展途上地域とでは，立場の違いからリスク認知も異なるのではないだろうか。このことについては，本章の後半で扱う。

4-2　リスク・コミュニケーションのさまざまな特徴

4-2-1　リスク認知

　一般の人々は直感に基づいてリスクを判断する傾向がある。私たちは，専門家でもない限り，被害の大きさや被害が起こる確率を正確に予測することはできないし，仮に必要な情報が与えられたとしても，リスクの判断には何らかの歪みや偏りが生じることもある。リスクはすでに述べたように被害（ハザード）の生起確率と被害（ハザード）の重大性の関数として表されるが，リスク認知は必ずしもこれらの要因だけで決まらない。一般の人々は，専門家が行う

のとは異なるかたちで科学技術の利用に伴うリスクやさまざまな活動によるリスクを認知している。スロビック（Slovic, 1987）はリスク認知が主に2つの因子からなるといっている。1つ目の因子は「恐ろしさ因子」であり，恐ろしいという感情を引き起こし，将来世代への影響が懸念され，制御困難で，不平等，非自発的に降りかかるというものである。2つ目の因子は，「不確実性の因子」で不可知性が高く，影響が遅延的で，新しいカテゴリーのものとされる。感情の観点から1つ目の恐ろしさに注目すると，私たちにとってリスクに関わる事象は，熟慮する以前に不安や恐怖といった感情と結びつきやすいということがいえる（Slovic, 2004）。こうした負の感情と関連づけられた事象についてはリスクを過大に判断する傾向にある。

　また，私たちの周りにはたくさんのリスクが存在していて，その中で深刻だと意識しているものもあれば，リスクが客観的には存在していても，それを認知していないこともある。リスク認知が生じうる場合，事象によっては客観的なリスクの大きさから偏ったリスク認知が行われたり，そのときの状況に応じて複数のリスクへの対処の優先順位が変化したりする。このようにリスク認知は相対的であり，個人の認識の仕方により変化する。このような認知の変化を説明する理論として，認知的不協和理論（Festinger, 1957）があげられる。不協和とは「響き合わない」という意味であり，認知的不協和とは複数の認知の間に矛盾がある状態を指す。これは私たちにとって不快でストレスとなり，その状態を解消するように動機づけられるのである。環境汚染リスクへの対策のための寄金をすることが世界全体や自分たちにとって大事だとわかっていながら実行できないのも一種の不協和状態である。その対処としては，認知を変える（環境汚染リスクの値が高くても，すぐに問題が起こるとは限らない），行動を変える（環境浄化寄金をしてリスクを下げる），状況の再定義（飢餓や失業対策など喫緊の課題の解決が必要な状況とみなす），情報への選択的接触（環境リスクに関する他のプレーヤーの話を聞かないようにする）などが考えられる。行動よりも認知を変える方が負担は少なく，このことがリスクへの対処が実行されない原因と考えられる。

　一方で，リスクに対して過大に反応してしまうことも，リスクへの不適切な対処として，社会的に問題となっている。スロビック（Slovic, 2004）は，テロ

リズムに対して強い負の感情が結びついていると,過剰に反応して銃を携帯したり,他集団に敵対的な行動をとったりするとしている。

4-2-2 リスク・コミュニケーション

　リスクについての人々の理解が異なるとき,私たちはリスクをどのように伝えたらよいのだろうか。リスクについて双方向のコミュニケーションにより理解の共有化をはかることをリスク・コミュニケーションという。リスク・コミュニケーションでは,専門家や関係者のみがリスクに関する情報を独占したり意思決定をしたりするのではなく,リスクの影響を受けるであろう問題当事者や一般の市民も含めて情報を共有し,意思決定を行っていくことに関心が向けられている。

　リスク・コミュニケーションを進めるうえで考慮しなければならないことの1つに,専門家と一般市民とでリスク認知が違うことがあげられる。たとえば,一般市民は,ボツリヌス菌中毒や洪水といった発生頻度の低い事象が実際よりも多く発生すると過大に評価し,逆に糖尿病や脳卒中といった年間死亡者数の多い事象の発生確率を実際よりも過小に評価する傾向がある (Lichtenstein et al., 1978)。そして,専門家にとってリスクが大きいと判断される事象が一般市民にとって過小に評価されてしまう一方で,専門家にとってはリスクが小さい事象の情報がマスメディアの過剰な報道などによって増幅され,市民がリスクを過大に評価するようになってしまう (Kasperson et al., 1988)。こうしたリスク情報の社会的な増幅は,スティグマ(否定的な意味での社会的烙印)や風評被害のような社会的問題に発展する場合もある。こうした事態に陥らないよう,リスクへの理解を共有するためのコミュニケーションが必要となるのである。

4-2-3 リスクに関する説得的コミュニケーション

　リスク・コミュニケーションで求められることの1つに,他者にリスクを適切に伝えたり行動を変容するよう働きかけることで個人あるいは集団として問題に適切に対処することがあげられる。そのために,説得的コミュニケーションの知見を応用することができる。

　説得的コミュニケーションによる態度・行動変容については,情報源・メッ

セージ・受け手の各要因の違いによる説得効果といった観点からの研究が行われている（Hovland et al, 1953）。情報源の要因であれば，説得者や説得団体の信頼性と専門性が高ければ説得効果は高くなる。環境浄化寄金への呼びかけが信頼のおける環境団体から行われれば，寄金したお金が不正に利用されるといった心配をすることなく寄金に応じることもできるだろう。メッセージの提示の仕方については，誘導しようとする立場に関する賛成論だけを伝える一面提示と反対論も含めて伝える両面提示がある。説得の送り手が反対論も提示することで押しつけがましくなく，公正な立場をとっていると受け手は認識しやすくなり，受け手が説得内容の情報や知識を多くもっている場合などはより効果的となる。また，受け手に恐怖感情を喚起させることによる説得の効果が認められている。リスクが感情と結びついて認知され，リスクへの対処行動をとるようになると考えられる（Cho & Witte, 2004）。

では，その情報を受け取った個人は，それをどのように受容するのだろうか。リスク認知に影響を与えるコミュニケーションについて，説得的コミュニケーションの二重過程モデルの考え方が役立つ。これは，説得に関わる情報処理に2つの異なった処理モードがあると仮定するもので，1つは情報を細かく詳しく分析する処理モードであり，もう1つは少ない情報で直感的に判断する処理モードである。ここでは代表的な二重過程モデルを2つ紹介する。

第1に，精緻化見込みモデル（elaboration likelihood model：ELM；Petty & Cacioppo, 1986）である（図4-2）。精緻化見込みとは，説得メッセージの話題に関連して与えられた論拠を吟味する可能性のことであり，精緻化によって実際の行動につながるような態度が形成される情報処理のプロセスが示されている。まず説得的コミュニケーションを受けた個人が，個人的な関心や責任感などにより情報を処理するように動機づけられているかどうかが問題となる。動機づけがあれば，事前の知識やメッセージの理解など情報処理の能力があるかどうかが次の問題となる。ここでメッセージ情報を吟味しようとの動機づけ，あるいは吟味できる能力がない場合，情報の送り手の魅力や専門性・信憑性といった「周辺的」な手がかりに基づいて，一時的で表面的な態度変化が起きる。この場合，態度は比較的変化しやすく，行動を予測することができない。正確な情報をもとに的確にリスクに対処するような行動を予測できるような態度変化

4 リスク認知とリスク・コミュニケーション

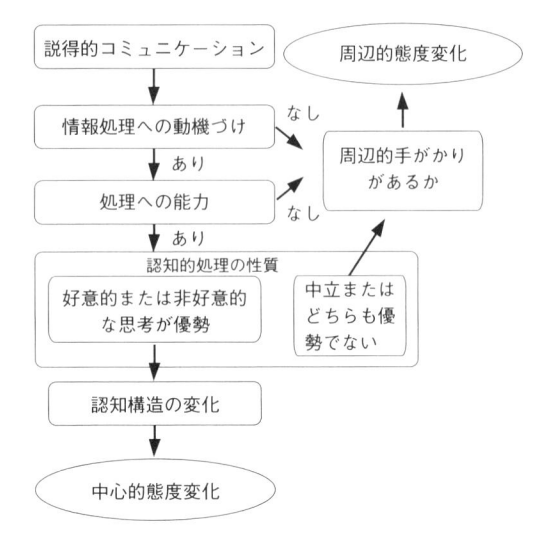

図 4-2　精緻化見込みモデル（Petty & Cacioppo, 1986 より作成）

を導くには，動機づけも能力もあり，説得の内容について熟慮されて，その内容に好意的あるいは非好意的な結論が下される必要がある。

　第 2 に，説得情報で与えられた論拠について熟慮して判断を下すシステマティックな処理と，説得情報での単純な手がかりをもとに判断を下すヒューリスティックな処理が同時に並行的に行われると仮定するヒューリスティック - システマティック・モデル（heuristic - systematic model：HSM；Chaiken, 1980）である。システマティック処理は，受け取った情報に関して，積極的に精緻化を行う処理モードである。一方，ヒューリスティック処理は，システマティック処理よりも，情報処理において思考や能力がより必要とされない処理モードである。リスク情報に接した際に感じる恐怖などの感情を手がかりとした判断はヒューリスティックな処理であり，感情ヒューリスティックと呼ばれる。システマティック処理は ELM での中心的態度変化に至る情報処理と対応し，ヒューリスティック処理は周辺的態度変化に至る情報処理と対応する。システマティックな処理とヒューリスティックな処理は並行して行われ，2 つの処理は互いに影響を及ぼしうると考えられる（Chaiken & Maheswarn, 1994）。私たちはリスク情報に接した際にまず感情ヒューリスティックが働くが，それ

は熟慮に基づくシステマティックな判断に影響を及ぼすのである。

4-2-4 集団間の文脈での説得の機能

　リスク・コミュニケーションで重要なことは，単に説明や説得が適切になされるということではなく，異なる立場や利害をもつ人々の間で，リスクやリスク対処についての共通の理解をもつようにすることである。ここで注意しておかなければならないのは，同じようにメッセージを送っても，立場や利害の違いにより，リスク認知やリスク対処への説得の効果が異なるということである。たとえば，外集団成員からなされる説得は，説得者が独立した個人としてではなく，外集団の一員であるという属性が周辺的手がかりとして処理されて，元々の説得メッセージが伝わりにくいのに対して，内集団成員からの説得メッセージは説得者が個々の独立した存在として認識され，関連した内容が整理されて記憶されやすく説得の影響力も強くなる（Wilder, 1990）。外集団からの説得を効果的にするには，説得者の情報を与えて内集団のように説得者が個々の独立した存在として認識されるような工夫をすることが必要となる。また，利害に関わる説得では，受け手にとってそれが送り手の利益につながると認知されない非利己的動機による説得ほど効果的となる（Walster et al., 1966）。

4-3　仮想世界ゲームにおけるリスク・コミュニケーション

4-3-1　リスク・コミュニケーターとしての環境団体

　リスク・コミュニケーションの事例として，仮想世界ゲームにおける集団間コミュニケーションを取り上げ，とくにゲーム中での環境問題への対処行動について検討してみよう。仮想世界ゲームでは，リスクを伝えたり，その対処をしたりすることがプレーヤーの自発的意志に任されている。たとえば，環境汚染リスクが高まったとき，環境浄化寄金を呼びかけるような役割が最初から決まっているわけではない。個々人で自分たちの地域，あるいは他地域のメンバーに寄金を呼びかけることもある。また，環境リスクに関する情報を効率よく収集するには環境団体を設立することが有利となる。世界の状況を見ながら，「誰かが」リスク・コミュニケーターとして立ち上がり，その役割を自主的に遂

行することもある。環境団体をリスク・コミュニケーションの主体と捉え，その効果を検討した2つの研究を紹介する。まず，仮想世界ゲームの前身である模擬世界ゲームにおいて，他地域との接触機会の程度をゲームの初期設定により統制した研究である（杉浦ら，1995）。この事例では，他地域への移動機会を提供するルールとして，旅行チケットを各プレーヤーに5枚ずつ無料で配付する条件と，まったく配付しない条件を設けた。また，環境浄化寄金への呼びかけを受けた経験のある群と経験のない群に分けて分析を行った。その結果，セッション中盤よりもリスクが高くなる後半の方が寄金への呼びかけが増え，寄金への意図は高くなっていた。また，旅行チケットが配付されたゲームにおいて環境浄化寄金への説得が多く，また説得を受けたプレーヤーの協力意図が高くなっていた。以上より，環境汚染リスクが高まるゲームの後半で，人々が相互にコミュニケーションの機会をもてる状況にあって，リスク低減を呼びかけるコミュニケーションを受ける場合に環境浄化寄金への意図は高くなっていた。

次に，仮想世界ゲームにおける環境団体の呼びかけの効果について，西・広瀬（2000）の研究をみてみよう。この研究では大多数のプレーヤーの規範と異なる立場をとる環境団体が自分の利益を顧みずに自律的に説得活動を行うことの効果を検討している。自己利益ではなく世界全体の共通利益のために活動を行うことをここでは自律性の高い状態と呼び，自律性が高いと他のプレーヤーから認知されれば，環境リスクへの対処としての寄金の呼びかけへの支援意図・支援行動が高まると仮定した。このことを検討するため，環境浄化寄金を集めると寄金の1割が次のセッションでバックされ，環境団体の個人的利益となるルールを導入した条件と，通常のルール（環境団体が寄金を集めても個人利益にはならない）の条件のゲームをそれぞれ実施して，自地域の環境団体，他地域の環境団体の両方から環境浄化寄金の呼びかけがあったプレーヤーの世論調査の結果を分析した。環境団体への支援意図については，自律性の効果と情報源の効果が認められた（図4-3）。自律性が高い条件の方が支援意図は高く，また内集団の働きかけの方が外集団よりも支援意図は高くなっていた。次に，支援行動として寄金された金額についてみると，内集団の環境団体からの働きかけにおいて自律性が高い場合において寄金額が高くなっていた（図4-4）。この結果は次にように解釈される。まず，ゲーム前半では，プレーヤー全体に

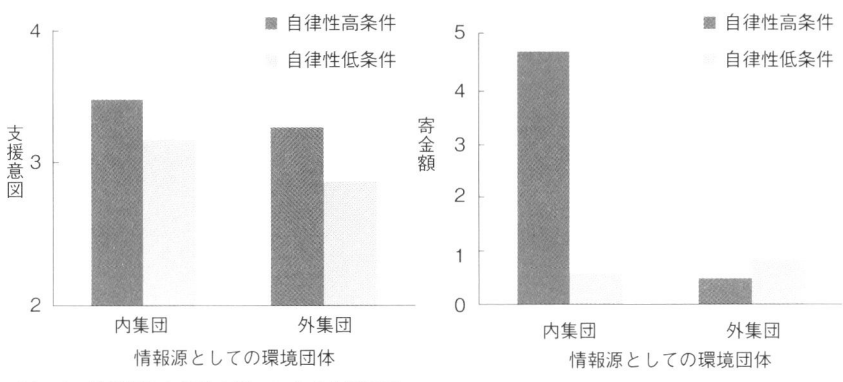

図4-3 情報源と自律性の違いによる支援意図
（西・広瀬，2000）

図4-4 情報源と自律性の違いによる寄金額
（西・広瀬，2000）

影響を及ぼす環境問題よりも，個人の生存を優先すべきとの規範が成り立っていた。これは環境問題すなわち社会全体のリスクへの対処行動の重要性が理解されながらも個人的利益が優先される社会的ジレンマであり，支援意図のレベルでは環境団体の働きかけを受容しながらも，実際の個人の利益が損なわれる環境浄化寄金の行動に抑制がかかる。このとき，情報源が内集団であり，自律性の高い説得行動は社会的ジレンマ事態を克服するような影響をもちうる。内集団であっても自律性が低ければ，また自律性が高くても外集団からの影響であれば，寄金の額は高くならない。個人的利益として環境団体が寄金の一部を自分のものにできる場合には，利己的動機に原因帰属されて，説得が成功しないのである。このことを ELM で考えると，外集団の行動はその集団の利己的利益であると原因帰属され，環境が危ないというメッセージの精緻化が行われないということができる。

4-3-2 仮想世界ゲームでの複数のリスクへの対処の推移

　仮想世界ゲームの中で起こりうるリスク問題は，そのリスクに関わる立場や問題が進行する段階によって重要度の認知や対処のあり方が異なる。このことに関して，①飢餓の増加，②失業の増加，③テロリズムの発生，④環境問題の発生の4つのリスクを低減させるためのコミュニケーションが実際にどのように行われ，それがどの程度受け入れられるのか，事例をもとに検討してみよう。

表 4-1 リスクの相対的重要度の平均値（%）

	飢餓		失業		テロリズム		環境汚染	
	豊かな地域	貧しい地域	豊かな地域	貧しい地域	豊かな地域	貧しい地域	豊かな地域	貧しい地域
ゲーム前半	23	34	25	24	30	19	22	23
ゲーム後半	21	24	18	19	21	12	40	45

　まず，4つのリスクについて，それぞれがどれほど重要と思うかを合計で100パーセントになるようプレーヤーが割り振った（表4-1）。飢餓のリスクについては，とくにゲーム前半で豊かな地域よりも貧しい地域の方が重要だと認識していた。一方，ほとんどの資産を奪われるテロリズムのリスクは，ゲーム全体を通じて豊かな地域の方が重要な課題だと認識していた。生存に関わる飢餓は主に貧しい地域のプレーヤーにとっての重要課題だった。つまり，食糧の全体的不足や分配の偏りという問題が，豊かな地域と貧しい地域において別々のリスク問題として現れてきていたのである。一方すべての地域のプレーヤーにとっての生存や資産の減少につながるリスクである環境問題は，ゲーム後半に重要な課題となってきていた。

　では，地域内・地域間でのリスク・コミュニケーションはどうだっただろうか。各プレーヤーが自地域内および格差のある地域間で，4つのリスク対策について提案をしたり，されたりしたプレーヤーの割合を表4-2に示している。リスク対策の提案をしたプレーヤーは，提案をされるプレーヤーより少ない。飢餓・失業についてのリスク対策の提案は，前半から後半にかけて減少する一方で，提案を受ける割合は，自地域内では減少するが，格差間では同程度が維持される。この傾向はテロへの対策のリスク・コミュニケーションにもみられ

表 4-2 地域内・格差のある地域間での各リスク対策の提案・被提案経験（%）

		飢餓		失業		テロ		環境	
		した	された	した	された	した	された	した	された
前半	自地域内	38	78	38	75	32	58	21	51
	格差間	28	62	31	56	22	34	14	25
後半	自地域内	31	59	34	55	27	47	48	69
	格差間	24	60	26	60	22	47	35	63

表 4-3 地域内・格差のある地域間での各リスク対策提案への協力率（%）

			飢餓	失業	テロ	環境
前半	自地域内	豊かな地域	56	63	59	57
		貧しい地域	55	44	39	46
	格差間	豊かな地域	35	47	33	28
		貧しい地域	36	31	23	20
後半	自地域内	豊かな地域	40	51	46	66
		貧しい地域	32	39	33	54
	格差間	豊かな地域	30	35	25	47
		貧しい地域	22	26	24	38

るように，ゲーム後半ではテロの原因となる飢餓や失業が地域内の問題から地域間の問題に移行したことによる．環境問題の解決については，前半は自地域内に限られたリスク・コミュニケーションが，後半には地域間も含めて活発になっている．

表4-3に，提案に対して協力しようと思ったプレーヤーの割合を協力率としてまとめた．飢餓については，ゲームの後半より前半で自地域内での対策への協力率が高い．飢餓はゲームの進行に従って世界全体での食糧の増産と最適な配分が進み，他の問題よりも重要度が低くなるために，その提案への協力率が低下すると考えられる．失業については，とくに前半で，豊かな地域は自地域内・地域間の提案に対して協力するが，貧しい地域では協力率は低い傾向がみられた．就職先は豊かな地域にある企業なので，失業対策をしようにも自地域内だけでは解決できないのだろう．テロリズムについては，豊かな地域の内部において協力しようとする割合が高い．リスクの相対的重要度も高く，自地域内でのリスク・コミュニケーションも活発となり，対策への協力率も高くなるのである．環境問題については，後半の方が協力率は全体的に高い．ただし，自地域内での提案には協力できるが，格差のある地域間での提案に対しては，簡単には協力はできないということがいえるだろう．

4-3-3　多様なリスクに全体としてどう対処すればいいのか

ゲーム前半では，環境問題のリスクが気になりつつも，飢餓や失業といった

個々人の生存に関わるリスクが優先される。それが，環境汚染のリスクが大きくなるにつれ，そのリスクを伝えるプレーヤーが現れ，リスク・コミュニケーションが活発になることでリスクについての認識が共有されるようになる。

仮想世界ゲームには，これまで取り上げてきたリスクの他にも貧困，経済停滞，地域間紛争など，さまざまなリスクが存在している。ゲームの内容に関していえば，食糧の提供（販売），食糧の確保，労働力の確保，就職の確保，寄金の依頼，食糧価格や賃金の交渉などがある。こうした中にはある特定の立場だからこそ気づける問題もあるだろう。ゲームでは1つの立場しか経験できないが，役割や立場が変われば，それぞれの立場でのリスク認知のバイアスも変わってくる。役割や視点の違いを理解し，リスク・コミュニケーションによって問題の理解と共有につなげていくことが必要だろう。

4-4　まとめ

仮想世界ゲームでは，ゲーム序盤なら食糧の確保や農園の開墾による飢餓の解消など，ルールを理解しながら常に目の前にあるリスクに対処していくことになる。そこでは，食糧の増産や食糧購入に必要な貨幣経済を拡大させるために企業が生産を増大させる必要があるが，このことが環境汚染のリスクを徐々に引き上げていく。目の前の顕在的リスクと徐々に迫ってくる潜在的リスクとでは，対処すべき緊急度が異なるように，両者は同時に考えられるわけではない。また，自分が置かれた地域や所持する資産，立場によって，リスクの大きさや対処の必要性は異なって捉えられる。社会全体でリスクに対処するためには，立場や状況によってリスク認知は異なることを理解したうえで，リスクに関する情報を速やかに他者に伝え，情報を共有するためのリスク・コミュニケーションの役割が重要となる。

5 集団間の競争と協同におけるリーダーシップ
: 誰がグループのリーダーになるのか

5-1 仮想世界ゲームではどんなリーダーシップが見られるか

　みなさんが参加した仮想世界ゲーム，いかがでしたか。目立った言動をして世界を大きく動かした人や，自地域が困窮から抜け出すのに貢献した頼もしい仲間がいませんでしたか。本章では，「リーダーシップ」を話題にしますが，それに関して，どんなことがゲームの中で起きていたか，まず振り返ってみましょう。

　仮想世界には，資源の豊かな2つの地域と，資源の乏しい2つの地域がありました。

　ゲームが開始される直前まで，誰がどの地域に割り振られるかわからない。その割り振りは無作為であるため，同じ地域に知人がいる場合もあれば，いない場合もある。ゲームでどんな行動をとるかは参加者自身の自由である。

　この中から，「なすべきこと」を相談されたり，提案したり，説明したりする人が出てくることが多い。ゲームのルールを良く理解していたり，他地域の様子や状況を良く知っていたりすると，それらの情報を聞きたがる人は少なくないだろう。また，先のことを上手く予測できたり，戦略的な思考をとっていたりすると，周りはその人の発言や判断を頼りにするようになるかもしれない。あるいは，政党主などの役職に就いているがために，頼られてしまうこともありうる。知り合い同士であれば，そのような事態は急速に進展するだろう。

　各地域は互いに隔てられており，次第次第に，他地域との交渉が代表者同士で行われるようになっていくこともある。地域間交渉の仕方は地域によってさ

まざまであるだろう。取引の成立を代表者に一任し，成員はその結果の報告を待つだけといったような地域もあれば，代表者は単に意思の伝達者のような立場であって，成員の意見を逐一確認し合意をとったうえで，ようやく取引の成立にこぎ着けるといった地域もあるだろう。

　いずれの場合であれ，取引を成立させるという目標の背後には，成員の不満を最小限に抑えるという難題も含まれている。代表者に一任しているとはいえ，地域によっては，その交渉結果に不満や疑問をもつ成員がいるかもしれない。また，代表者が地域の意思伝達者のような場合，地域の意思決定，つまり成員の意見の集約はなかなか難しいように思われる。地域内に否定的な雰囲気が漂うことがあるかもしれない。このようなときに，機知に富んだ発言をする者がいれば，それによって，納得のいく成員もいるだろうし，次にすべきことに気持ちを切り替えられる者もいるだろう。地域間交渉の問題には何ら貢献できない発言であったとしても，成員の気持ちをつなぎ止め，図らずも「集団の崩壊」という事態を免れるような働きを全うしていることもありうるのである。

　地域間交渉は駆け引きでもあり，場合によっては，決裂や裏切りに終わってしまうこともあるかもしれない。互いに「あそことはもう交渉しない」と考え，冷たい関係ができてしまう可能性は十分にある。しかし，自地域が仮想世界の中で孤立したりして，憂き目を見るようでは悲惨である。他地域との関係が悪化しないよう積極的な行動を起こす人も中にはいるだろう。

　また，仮想世界では，環境問題が悪化して，住民が生存の危機にさらされてしまうこともある。問題の解決に導くような働きをして，住民を危機から救えるような人物も出てくるかもしれない。

5-2　リーダーシップについての心理学的研究

5-2-1　リーダーシップとは

　学生のみなさんであれば，次のようなことは思い浮かべやすいのではないだろうか。

　　　学園祭でのクラスの出し物。Aさんは，クラスが一致団結するよ

う誰よりも積極的であった。多くのクラスメイトと意思の疎通を図り，斬新な演出を何度となく提案していた。また，練習を欠席しがちなクラスメイトに声をかけることも忘れなかった。そして学園祭では，上位入賞という好成績をおさめることができた。

　この例の中でのAさんを私たちは「リーダー」（先導者）と呼ぶことができるだろう。
　リーダーとは集団を統率したり指揮したりなどする「人」のことであると考えて誤りや隔たりはない。他方で，「リーダーシップ」という言葉は抽象名詞であり，私たちにはその意味が直感的にはわかるけれども，それをいざ言語化してみようとすると，難しかったり，人によってその内容が異なっていたりする。
　リーダーシップに関する数多くの研究を展望したストッジル（Stogdill, 1974）は，定義を試みた研究者の数に匹敵するくらいリーダーシップの定義があると述べている。ただ，そこには共通性がかなりあるということも述べている。
　ここでは，ノーサウス（Northouse, 2004）の定義を引用してみる。

　　　リーダーシップとは，集団の成員の誰かが，共通の目標を達成する
　　ために他の成員に影響を及ぼしていく一連の行為である。

　彼によれば，リーダーシップを「一連の行為」と定義したのは，リーダーシップは，リーダーという特定人物の特性や特徴ではなく，リーダーとフォロワー（共鳴者）の間で起こる大切なやりとりである，との考えがあるからだという（Northous, 2004）。
　この意味において，先の学園祭の例を再び引き合いに出せば，リーダーシップは，級長やクラスの学園祭係といったような役目に就いている人だけに限定されるものではない。クラスの出し物を成功させるという目標に向かって，クラスメイトに強く影響を及ぼした者であれば誰についても見られるものなのである。

5-2-2 リーダーとはどんな特性の人か

　歴史上の偉人の 1 人とされる聖徳太子については，同時に複数の請願を聞き分けたという逸話が伝えられており，このことから彼が並み外れた洞察力の持ち主であったことがうかがえる。リーダーとなる人は，フォロワーとは異質の卓越した能力をもっているのだろうか。

　リーダーの特性に関する数多くの文献を展望したストッジルは，リーダーに見られる特徴として次のようなものを挙げている。すなわち，責任感の強さと任務の完遂に向けた強靱な積極性，目標を追求してやまない粘り強さ，問題を解決するときに発揮される大胆さや創意工夫，社会の状況に応じて主導権を行使できる強い精力，自信に満ちた揺るぎない自意識，決定して実行した行動の結果を甘受する度量，対人関係から生じるストレスを併せのむ要領の良さ，仕事の失敗や遅れをとがめないでゆるす寛容さ，他の人々の行動を左右できる手腕，目的にかなった社会的な仕組みをいつでも組織できる能力，などである (Stogdill, 1974)。

　ただし，以上から推測される特性だけで必ずしもリーダーを予見できるわけではない，というのが現在の一般的な見方である。リーダーシップを理解するのにリーダーの特性のみが着目されたときもあったようだが，今日の研究では，リーダーの特性以外の変数にも関心が広まってきている。

5-2-3 リーダーはどのように行動をしているか

　リーダーがどのような特性をもっているかではなく，どのように行動しているかに焦点を当てた初期の有名な研究に，リピットとホワイト (Lippitt & White, 1943) がある。子どものクラブ活動を，実験協力者としてのリーダーが，「民主的」「独裁的」「放任的」といった 3 つの異なる方法により監督し，比較検討がなされた。その結果，「民主的リーダー」のもとでは，子どもは，集団志向的・友好的で，課題に対するやる気が強いのに対して，「独裁的リーダー」のもとでの子どもは，リーダーに対して依存的，または他の子どもに対して攻撃的であったりした。また，「独裁的リーダー」が部屋を出ていくと，そこでの子どもの多くが途端に課題に集中しなくなった。他方，「放任的リーダー」のもとでは，子どもは課題より自分勝手な遊びの方に熱中しがちであった。このことか

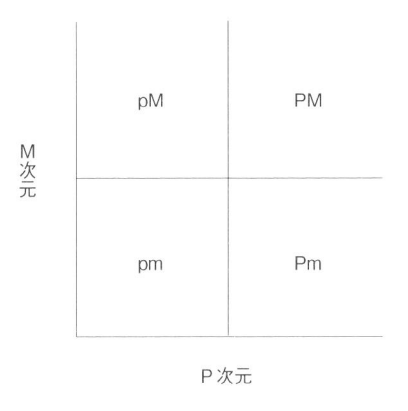

図 5-1　PM 類型論
(三隅, 1984 より作成)

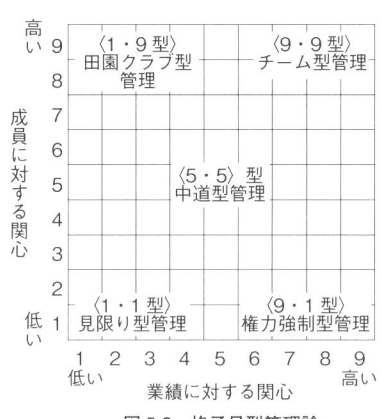

図 5-2　格子目型管理論
(Blake & McCanse, 1991 より作成)

ら,「民主的リーダー」が集団活動に及ぼす全体的な効果が明らかにされた。

日本からは PM 類型論（三隅, 1984）が提出された。彼は, リピットらの「民主的」などといったリーダーシップの類型概念は, 多義的でイデオロギーを含むなどの問題点があると指摘し,「P」(performance) 機能と,「M」(maintenance) 機能という類型の有用性を説いた。「P」機能に関わるリーダーの行動は, フォロワーの仕事ぶりを厳しく管理・監督するといった「課題遂行」を志向した行動,「M」機能に関わるリーダーの行動は, フォロワーの人間性を尊重するなどの「集団維持」を志向した行動で, どちらのリーダーシップも十分に備わっているときの集団の業績が最も優れていた, と報告している（三隅, 1984）。

ブレイクらも, 業績への関心と, 成員への関心といった, 三隅と類似した2つのリーダーシップの志向性を見出している（たとえば Blake & McCanse, 1991）。彼らは, 各志向性の強弱を組み合わせ, 図5-2のように, 格子目上に「権力強制型管理」とか「田園クラブ型管理」といった複数のリーダーシップの型を表現している。

5-2-4　集団の業績に有効なリーダーシップとは

それでは, 課題志向型と関係志向型という2つのリーダーシップのうち, ど

ちらの方が集団の業績により有効であるといえるだろうか。リーダーシップが要請される場は，集団の体制，課題の性質を取り上げてみてもさまざまのはずである。このような「状況」という変数に着目した研究者は，リーダーシップの有効性は状況への適否によると主張している。

そのうちの1人であるフィードラーは，リーダーによる状況統制の難易度によって，集団の成果に効果的なリーダーの行動様式は異なってくると考えた（たとえば Fiedler, 1968；Fiedler & Garcia, 1987）。ここで統制のしやすさの程度を大まかに3つに分けて見てみると，「すごく統制しやすい」場合と「すごく統制しにくい」場合においては，課題志向型のリーダーが，その「中間」の程度においては，関係志向型のリーダーが，効果的であるというのが彼の主張の骨子である[1]。

たとえば，火災現場における消防隊員の活動には，日頃の技術的・集団的訓練の成果や，被害を最小限に抑えるという明確な目標，また，確固とした指揮命令系統があって，「すごく統制しやすい」場合の一例と考えられる。他方，担任による通常の授業が成立しにくくなったいわゆる「学級崩壊」というクラスにおいて，「自主性」「愛校心」などを主題とした道徳教育が行われる場合は，担任の指示・指導を無視・軽視する風潮があったり，また，授業の題材や方法は必ずしも1つに限定されないなど，「すごく統制しにくい」場合の一例と考えられる。この両者のような場合においては，フィードラーによれば，フォロワーを尊重した関係志向型のリーダーより，課題の達成を重視して具体的指示を事細かに出すような課題志向型リーダーの方が効果的である。統制のしやすさが「中程度」の場合の一例としては，勢いや乗りだけで仲良し学生たちが起業した場合が挙げられる。そこでは，経営の目標や方法が不明確ではあるが，お互いの意見を聴き合う姿勢があるだろう。このような場合では，彼によれば，関係志向型リーダーの方が効果的である。

なお，統制のしやすさの程度については，実際には，①リーダーと成員の関係の良し悪し，②課題の目標や方法や達成基準の明確さ，③リーダーの権限の

---

[1] 彼は，課題志向型リーダーと関係志向型リーダーを区別するのに独特の方法を開発したといえる。それは，リーダー自身に，これまでの仕事仲間のうちで最も仕事がやりにくかった人を評価させ，その評価が厳しければ前者，反対に寛大であれば後者とする，というものである。

5-2 リーダーシップについての心理学的研究

有無、という3つの要素の程度を組み合わせることで把握されている。つまり、最も統制しやすい場合は、リーダーと成員の関係が良好、課題の目標や方法や達成基準が明確、リーダーの権限がある、という場合の組み合わせになる。

フィードラーの他には、ハーシィらも、状況対応リーダーシップ論を展開している（たとえば Hersey & Blanchard, 1977；Hersey et al., 邦訳, 2000）。自ら「リーダーシップのライフサイクル理論」と称したこともあるとおり、彼らは、フォロワーの課題遂行にかかる「成熟度」に応じて、指示・指導の様式を変化させるべきだと考えた。

図5-3が、彼らの主張の要約である。上方の図では、横軸が課題志向型行動の多寡を、縦軸が関係志向型行動の多寡を表わす。下方の図は、成熟度を表わし、右側から左側に進むにつれ、成熟度の高まりが示されている。

彼らは、この「成熟度」を、先に述べた個々人の成熟度だけではなく、組織の成長についても適用した。ここでは、組織の成長に対応させ、彼らの考える4つの成熟段階と各段階における効果的なリーダーシップについて見ていくことにしよう。

第1段階は、組織の形成期で、目標や役割などの不明確さから、成員は不安

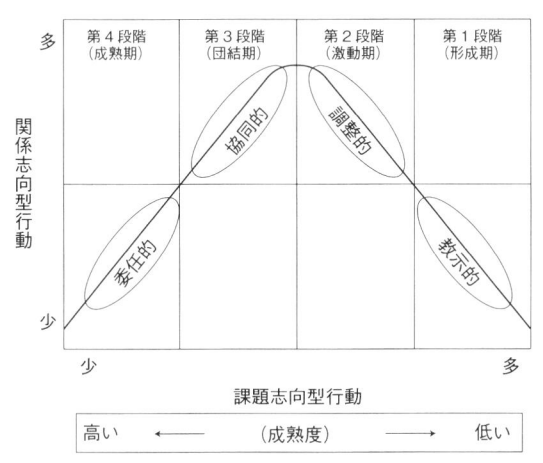

図5-3 状況対応リーダーシップ論（Hersey & Blanchard, 1977 より作成）[2]

2）各段階で有効なリーダーシップの呼称は幾つか見られるが、ここでは組織の成長についての記述から引用した。

定な気持ちになりやすいという。この段階では，規則や手順を定めたり，なすべきことを具体的に指示したりするような「教示的リーダーシップ」が適している，とされている。

　第2段階は，激動期と形容されているが，それは，各成員が高い評価を得ようとする結果，内部分裂や競合が多く発生しやすい段階，と考えられているためである。競争意識が芽生えるまでに成員の仕事に対する意欲は高揚するが，課題遂行能力はいまだ不完全である。意欲を損なわないよう励ましたり，集団の活動を明確化・共通化させるような質問を投げかけたり，フォロワーからの質問に応じて説明したりするような，「調整的リーダーシップ」が適している，とされている。

　第3段階は，団結期で，成員が一体化しつつある段階とされる。成員の役割が固まってくるため，課題遂行のための具体的な指示や説明はそれほど必要とされない。むしろ，組織の運営や意思決定への参画を促すことが重要である。つまり，「協同的リーダーシップ」が適している，と考えられている。

　第4段階は，成熟期ともいえるもので，高い団結意識や，機能的連携による優れた仕事ぶりが見られるようになる段階である。この段階では，成員の自律化が重要であり，工程の企画立案および修正を，成員自らで行うように仕向けていく，「委任的リーダーシップ」が適している，と考えられている。

　ところで，ここまで概観してきたリーダーシップの諸研究では，主に集団内部での現象が問題にされてきた。つまり，成員による影響の及ぼし合いの範囲が，ある1つの集団の中に限定されていた。しかし，実際の社会生活では，外部との交渉や調整が求められ，それが集団の存続に関わる重要な局面であることも少なくない。国家間交渉1つをとってみても，どんなリーダーシップであれば，成員はその帰結に安心したり満足したりすることができるといえるのだろうか。

　シェリフらは，3週間にわたるサマーキャンプを利用し，週ごとに異なる重要な課題を導入して，2つの少年集団（ラトラーズとイーグルズ）の行動を観察した（Sherif et al., 1988）。この報告によれば，対内および対外関係での重要な課題の性質をその場で見極め，それに応じた行動様式をとる者が，人気を集めていたり，影響力を発揮したりしていたことがうかがえる。

週ごとに導入された課題は，次のとおりであった。1週目のものは，短期の集団生活を送れるよう，見知らぬ者同士が1つの集団を形成していくことであった。2週目のものは，相手集団との野球や綱引きなどの対抗試合で勝利をおさめることであった。そして，3週目のものは，それまで反目していた相手集団と協力して，貯水槽の不調の解決にあたるなどの「共通目標」を達成することであった。

イーグルズの方は，各週の課題の性質の違いに応じて，リーダーが変わっていた。1週目の終わりの数日間には，クレイグの発言数が多く，提案がより受け入れられていた。ところが，2週目になると，クレイグの地位は転落し，メイソンがそれに取って代わった。メイソンは，運動が得意で，仲間に戦法を教えたりするなど勝利にこだわる一方で，クレイグは勝負を途中であきらめる奴と非難されてしまっていた。そのメイソンも，3週目には，ウィルソンにリーダーの地位を譲ることになる。メイソンは，最後まで，相手集団と仲良く行動するのをあまり好んでいなかったことが原因のようである。

他方，**ラトラーズ**では，3週間を通じて，ミルズがリーダーであった。彼については，各週の課題に適うような次の言動が報告されており，事態に即応して行動様式を変化させていったと推測される。1週目では，足の怪我を気にも留めず，就寝時間になってやっとそれがわかるという出来事があり，彼のおかげで，「タフであること，泣いたり不平を言ったりしないこと」といった規範が，集団の中に定着していった。そして，2週目の綱引きで敗北した夜に，**ラトラーズ**は相手集団の小屋を襲撃した。ミルズは，窓から飛び入り，ブルージーンズを手に入れたが，それがリーダーのメイソンのものとわかったとき，集団は歓喜に沸いた。翌日，彼は，それに「イーグルズの終わり」と大書して，旗のように掲げ歩いた。このようなミルズも，3週目には，食糧を取りに行くトラックが動かなくなるという不測の事態に遭遇するや，「綱引きのようにトラックを引っ張ろう！」「僕たち20人でやれば絶対引っ張れる！」と叫んで，綱を取って来てトラックにくくり付け，彼我の集団無関係に協力を呼びかけた。そして，トラックは動いたのだった。

5-3 仮想世界ゲームの中のリーダーシップ

仮想世界ゲームを用いた複数のリーダーシップ研究のうち,ここではルウィンらのものを見ていく(Lwin, 1997 ; Lwin & Hirose, 1997)[3]。彼らは,シェリフらのサマーキャンプ実験に着想を得て,集団内構造や集団間関係が変化していくもとでのリーダーシップの働きに焦点を当てている。

5-3-1 仮想世界ゲームの中で,新しいリーダーシップを見いだせたか

リーダーシップの働きについては,すでに,研究者の間で,2つの機能——課題遂行機能と関係調整機能——の存在について合意されてきてはいたが,それは集団内部での現象に限った場合であった。ルウィンらは,対外関係においても同様の機能が新しく見いだせるのではないかと考えた。つまり,その新しい機能とは,他集団の資源を獲得するために外部と交渉するといった「対外課題遂行機能」と,他集団との関係の構築と維持に努めるといった「対外関係調整機能」とであった。

彼らは,表5-1の各項目に,自地域内で最も影響力を発揮したと思う人がどのくらい当てはまるかを,仮想世界ゲームの参加者に評定させた。そして,そ

表5-1 仮想世界ゲームにおけるリーダーシップの3つの因子

項　目	対内・対外 課題遂行	対外関係調整	対内関係調整
食料の売買で,自地域の利害を主張する	.80	.26	.04
労働力の交渉で,自地域の利害を主張する	.80	.23	.04
成員の必要とするものが実現される戦術を提案する	.72	.08	.39
自地域が直面している窮状について説明する	.68	.25	.34
他地域を説得して,提案を受け入れさせる	.10	.81	.06
他地域との緊張や葛藤が緩和されるよう行動する	.33	.71	.11
他地域から偏見を持たれないよう行動する	.29	.62	.35
他地域から孤立しないよう行動する	.29	.53	.26
自地域の中で楽しい雰囲気づくりをする	.05	.21	.83
自地域の士気や結束を促す	.28	.15	.79
固　有　値	4.40	1.09	1.01

の回答について，因子分析を行った．彼らは事前に，リーダーシップの働きについて，「対内課題遂行」「対内関係調整」「対外課題遂行」「対外関係調整」といった4つの因子が得られることを予想していた．しかし，表5-1に示すように，得られた因子は3つ——「対内・対外課題遂行」「対内関係調整」「対外関係調整」——であった．このことから，ゲームの参加者は，「課題遂行」に関わるリーダーシップの働きを1つの大きな機能としてみなしていたが，「関係調整」については，集団内部での働きと集団外部での働きとを，別々に認識していたことが推測される．

5-3-2　対外関係の変化に応じて，どのようなリーダーシップが求められたか

　仮想世界における豊かな地域と貧しい地域とには，保有している資源の豊富さだけでなく，集団の内部構造においても相違が見られる．豊かな地域では，政党主，企業主，農園主といったような役割が何人かに割り当てられるので，お互いに利害が対立しうる．また，各人には十分な初期資金が与えられるため，互いに経済的自立が可能である．それに対して，貧しい地域では，政党主が存在するだけで，お互いの利害に確執が生じがたい．そして，各人の初期資金が不十分なため，互いに依存し合わないことには生存が困難である．このような成員の利害が同じか否かといったことや，自立的か依存的かといったことは，集団の「内部状況」である．

　集団の「外部状況」については，集団間関係の変化が挙げられる．仮想世界ゲームでは，シェリフらのサマーキャンプ実験のように，集団間の関係が「対立」から「協調」へと変化していくように意図されている．

　ルウィンらは，集団内外のそれぞれの「状況」においてどんなリーダーシップの働きが求められていたかを探るために，ゲームの参加者に，「対立期」と「協調期」での「目標達成の満足度」についても評価させた．そして，その回答とリーダーシップの3つの機能との関連性を見てみた．あるリーダーシップの働きが強まるほど，目標達成の満足度が高まるといった関連性がもし認められれば，そのリーダーシップの働きは，その「状況」において重要な役目を果た

---

3) ルウィンらの研究以外に，高口ら（2002）によるリーダーシップの研究もある．

5 集団間の競争と協同におけるリーダーシップ

していると考えることができる。

図5-4と図5-5は，得られた結果をもとに作成した模式図である。

集団間の対立期においては，豊かな地域での目標達成の満足度と関連があったものは，「対内関係調整」と「対外関係調整」についての働きであった。それに対して，貧しい地域での目標達成の満足度と関連があったものは，「対内・対外課題遂行」についての働きであった。

これらの結果を，先に述べた集団の「内部状況」から考えてみれば，豊かな地域では，互いの利害が対立もしやすく，成員の関係を調整すること，すなわち「対内関係調整」の働きが重要と考えられる。それに対して，貧しい地域では，生存すら困難な状況であるため，その課題を達成させること，すなわち「対内・対外課題遂行」の働きが重要なのである。

集団間の協調期になると，豊かな地域での満足度と関連があったものは，「対

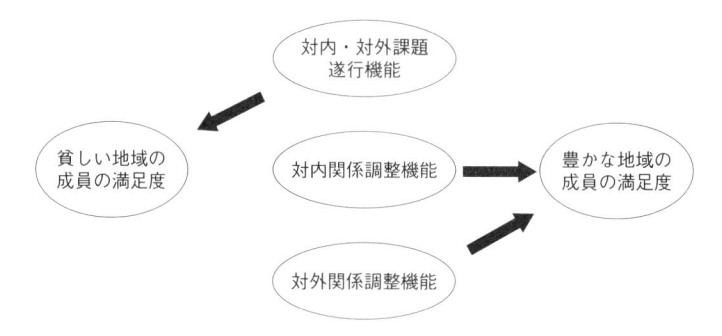

図5-4 対立期における成員の満足度とリーダーシップの働きとの関連

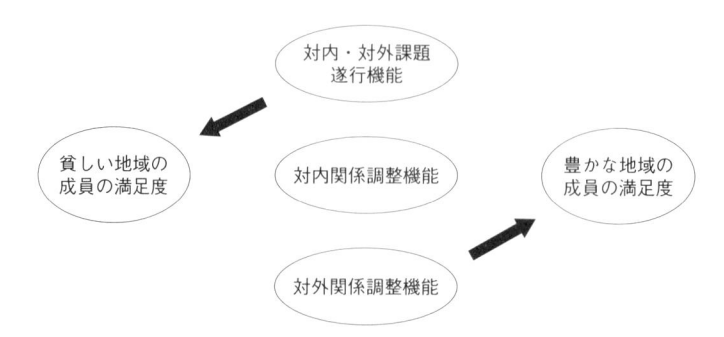

図5-5 協調期における成員の満足度とリーダーシップの働きとの関連

外関係調整」についての働きであり，貧しい地域での満足度と関連があったものは，「対内・対外課題遂行」についての働きであった。

これらの結果を，集団の「外部状況」，つまり集団間関係の変化から考えてみれば，豊かな地域では，協調期の情況の進行に応じて，一層，対外関係の調整の重要性が認識されたということであろう。一方，貧しい地域では，最後まで飢餓や失業への不安を払拭できず，リーダーシップの働きにも変化が生じえなかったものと考えられる。

5-3-3 優位・劣位地域でどんな人にリーダーシップが見られたか

さらに，ルウィンは，リーダーの特性研究において，活路を見いだせるような結果も示している。すでに述べたように，リーダーとはどんな特性の人か，といった探究は一時盛んに行われた。彼は，この分野においても，「状況」という変数を考慮していくことが重要だと考えた。つまり，ある性格特性を備えた人物がリーダーになりやすいか否かは，置かれた状況によって異なるのではないか，と考えたのである。

ここでの「状況」には，行動への目立ったヒントが有るか無いかといったことや，仕組みの程度が高いか低いか，また，行動が限定されているか否かといったことが関係している。もし，行動へのヒントが有ったり，仕組みの程度が高かったり，行動が限定されていれば，リーダーシップはその制限のなかで進展するだろうし，反対に，行動へのヒントが無かったり，仕組みの程度が低かったり，行動が限定されていなければ，性格特性は何らかの役割を果たすだろう，と彼は考えた。

既述のように，仮想世界の優位地域である豊かな地域では，政党主，企業主，農園主といった役割が何人かに割り当てられる。つまり，ある程度の明確な仕組みが与えられている。それに対して，劣位地域である貧しい地域では，たった1人分政党主の役割が用意されているだけであり，付与された仕組みは薄弱である。

ルウィンは，仕組みの程度が低い貧しい地域においてこそ，性格特性がリーダーシップの働きに重要であり，その一方，仕組みの程度が高い豊かな地域では，性格特性は重要ではなく，代わりに，割り当てられた役目がリーダーシッ

プの働きに重要であるだろう，と予想して実験を行った。

性格特性について，4つの尺度が用意され，ゲームの参加者は，1週間前にそれらの質問項目に回答した。それらの尺度は，「矢田部・ギルフォード性格検査」（辻岡，1977）から，リーダーシップに関連するだろうとして選び出された次のものであった。1つ目は，「優位性」であり，先頭になって働く，人前に出るのが苦ではない，などの項目からなっていた。2つ目は，「自己中心性」であり，正しいと思うことは人目を意識せず実行する，衝動的である，などの項目からなっていた。3つ目は，「外向性」であり，人付き合いが好き，などの項目からなっていた。4つ目は，「協力性」であり，他人を信用する，などの項目からなっていた。

また，対外関係場面におけるリーダーシップでは，人間関係の豊富なリーダーの方が，目標をより達成しやすいことが予想された。全参加者のそれぞれとふだん会話する頻度についても，ゲーム実施の1週間前に回答がなされた。

リーダーシップについては，ゲームの終了後に，参加者は，自分がゲームの中でどのくらい4つのリーダーシップの働き——「対内課題遂行」「対内関係調整」「対外課題遂行」「対外関係調整」——に関する行動をとっていたかを，各質問項目により回答した。

図5-6と図5-7は，得られた結果をもとに作成した模式図である。

豊かな地域では，4つのリーダーシップの働きのいずれかと関連があった性格特性は，「外向性」のみであった。その他，「政党主・企業主」または「農園主」の役割や，「人間関係の豊富さ」が，リーダーシップの働きと関連があった。つまり，豊かな地域では，人付き合いが好きな人ほど，自地域内の楽しい雰囲気づくりなどに努めていたこと，また，政党主や企業主の役割に就いていた人ほど，自地域内で戦術を提案したりしていたこと，一方，農園主の役割に就いていた人ほど，そういった提案はしていなかったこと，さらに，人間関係の豊富な人ほど，他地域から資源を得るための交渉をしていたこと，が示された。

貧しい地域では，4つの性格特性のうち，「協力性」以外の3つのものすべてが，いずれかのリーダーシップの働きと関連があった。つまり，貧しい地域では，先頭になって働くような人ほど，自地域内で戦術を提案したり，他地域との良好な関係づくりに努めたりしていた。また，正しいと思うことは人目を

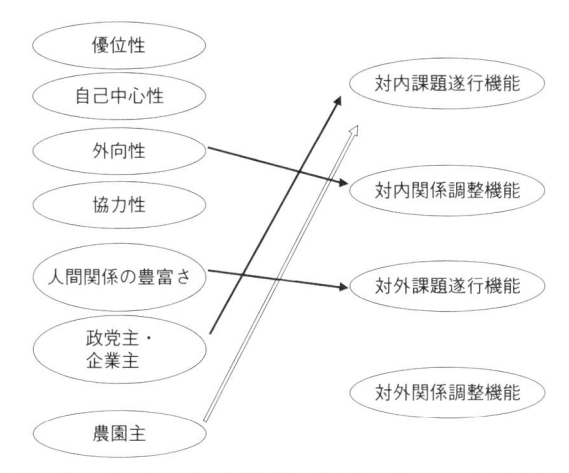

5-3 仮想世界ゲームの中のリーダーシップ　　*81*

図 5-6　豊かな地域における性格特性などとリーダーシップの働きとの関連
（注　白抜きの矢印は，負の関連性を示す。）

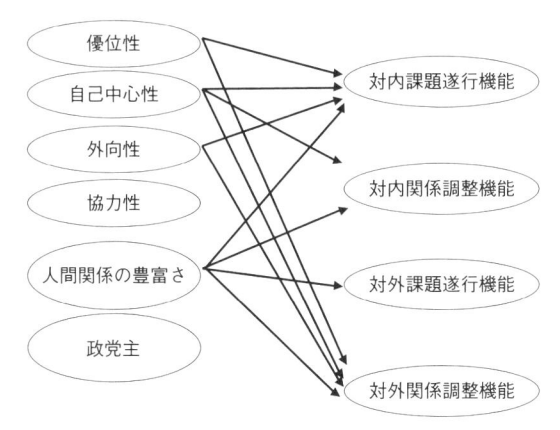

図 5-7　貧しい地域における性格特性などとリーダーシップの働きとの関連

意識せず実行するような人ほど，自地域内で戦術を提案したり，自地域内で楽しい雰囲気づくりに努めたり，他地域との良好な関係づくりに努めていた。さらに，人付き合いが好きな人ほど，自地域内で戦術を提案したり，他地域との良好な関係づくりに努めたりしていた。人間関係の豊富な人も，すべてのリーダーシップの働きを促進させる関連があった。

　これらのことから，仕組みの程度が高いか低いかといった「状況」の違いに

よって，どんな人がリーダーになるかが異なってくる，ということが示されたといえるだろう．

5-4　まとめ

　ここまで，リーダーの特性，リーダーシップの機能の類型，状況に応じた有効なリーダーシップに関する研究を概観したうえで，集団の内部構造の違いや対外関係の変化によって，有効なリーダーシップやリーダーとなる人が変わりうることを，仮想世界ゲームの中で見てきた．

　リーダーシップの定義によれば，それは特定の人だけに限定されずに，どんな人でも場面に応じてリーダーシップをとることができた．仮想世界ゲームの中で発生するさまざまな場面で，正しいと思ったこと，みんなのためになると思ったことなど，勇気をもって発言してみれば，案外，それがリーダーシップ獲得の第一歩になるかもしれない．

　今日的課題で求められている異文化問題や環境問題などでの対外的リーダーシップは，従来の研究で見落とされがちであったが，それらの場面も仮想世界ゲームには用意されている．

　仮想世界ゲームは有用な研究手法であると同時に，有効で懐の深いリーダーシップの訓練手法ともいえるのである．

6 不確実性のもとでの集団意思決定
：集団決定は個人の決定とどのような違いがあるのか

6-1　仮想世界ゲームでの個人の意思決定と集団の意思決定

　仮想世界ゲームはさまざまな意思決定の連続である。その意思決定を個人でする場合もあるが，集団として1つの決定をする場面が非常に多い。まずは，個人で判断して行動した方がいいのか，集団でまとまって行動した方がいいのかという意思決定にさらされている。

　ゲーム開始直後の貧しい地域の様子を見てみよう。あるゲームでは，無言で1人，2人と立ち上がり，旅行チケットを手にしてバラバラと豊かな地域に出かける。農園主から食糧を譲ってもらうべく，個人で交渉に向かうのである。別のゲームでは，「食糧を手に入れなければならないみたいだけど，どうする？」などと会話が始まる。会話がひとしきりなされた後は，地域でまとまって行動することが多い。このように，貧しい地域の住民たちは，食糧確保のために，個人で対処した方がいいのか，集団としてまとまって対処した方がいいのかという意思決定をしている。そして，貧しい地域では，ゲームが進行するにつれて集団でまとまって行動することが多く，どうしたら自分たちが不利な立場を改善できるかなどについて話し合っている。

　一方，ゲーム開始直後の豊かな地域はどうだろうか。はじめは誰ともなく農園主と個別の交渉がはじまる。バラバラと個人単位で食糧の売買がなされ，中には個人農園を開墾する人もいる。この段階では，集団としてまとまった意思決定はあまり見られない。企業を見ると，最初のうちは企業の代表とそれ以外の人という個人単位でのやりとりがなされ，やがて，何人かの住民が企業経営に参加していく。さらに，ゲームが進行するにつれ，豊かな地域でも全体とし

てまとまって話し合い，地域としての意思決定をするようになっていくことも多い。ただし，豊かな地域では，必ずしも地域でまとまって意思決定はせずに，それぞれが個人の単位で振る舞っているときもよくある。

このように，ゲームの序盤では，貧しい地域では食糧をめぐってまとまった集団意思決定が見られるのに対し，豊かな地域では，食糧をめぐってはあまりまとまった集団意思決定をしない。この違いは，貧しい地域の方が生存に関する不確実性が高いため，集団全体で対処することでその不確実性を低減しようとしているといえる。たとえば，交代で飢餓になるといった形で，限られた食糧という資源をみなで平等に分配するような光景がよく見られる。これは，ある意味においては生存戦略上合理的であり，安全志向が働いていると言える。別の観点からは，もしかしたら飢餓をもっと減らせるかもしれないのに最低限の生存にとらわれた決定をしているともいえる。一方，豊かな地域では，生存に関する不確実性が小さいので，みなで平等に分け与えるというよりは，個人ごとの交渉で食糧を得る場合が多い。このように生存に関するリスクが小さければ，集団でまとまった意思決定をする必要性も感じられにくい。だが，豊かな地域でも，企業の生産のように個人と地域全体の利害が一致するときには，集団で意思決定がなされる。

さて，さまざまな意思決定場面に直面したとき，集団で意思決定をすると何が起こるのだろうか。日常生活では，こうすべきだという正解が1つではない問題に直面することが多い。また，その場で解くべき問題も刻々と変化する。仮想世界ゲームでは，このような状況を扱った研究が可能である。本章ではとくに，このように曖昧な状況下で，かつ，連続的に課題が変化する場面における集団意思決定の特徴について取り上げる。

6-2 集団意思決定の特徴：個人の意思決定とは異なる現象

社会心理学における集団意思決定の研究を簡単に概観しておこう。個人だけを見ていただけでは集団レベルで起こる現象を説明できないことは古くから気づかれていた。ここでは，とくに個人の意思決定では見られない，集団意思決定固有の特徴を紹介する。

6-2-1 集団意思決定の強い拘束性

レヴィン（Lewin, 1951）は，集団が形成されると成員同士は互いに影響を及ぼし合って心理学的「場」を形成すると主張した。こうした関心に基づき，レヴィンはさまざまな研究を行ったが，集団意思決定に関しては次の研究がよく知られている。

レヴィンは食習慣の変更についていくつかの研究を行った。食習慣ほど変更することが難しいものはない。当時のアメリカ合衆国では，牛の内臓を食べる習慣がなく，ほとんどの人が食べたことがないという状況であった。レヴィン（1947）は小集団による討議が，講義方式や個人への説得よりも有効であることを示した。具体的には，レバーのような内臓を食べることについて，集団で討議して決める条件と，講義により栄養価の高さなどを説明する条件を比較すると，講義方式ではほとんどが実際には内臓を食べなかったが，集団決定方式では約3割もの人が実際に口にした（図6-1）。同様に，母親が乳児に肝油やオレンジジュースを与えるかどうかについても，個人的に教示するよりも集団で決定した方が，実際に肝油を与える割合が高かった（図6-2）。

また，母乳を与えるか粉ミルクを与えるかでも同様の効果が見られたが，影響が強いのは近所に住む母親同士で集団意思決定をしたときであり，同じ病院で出産しても異なるコミュニティの母親との討議では集団意思決定の効果が弱かっ

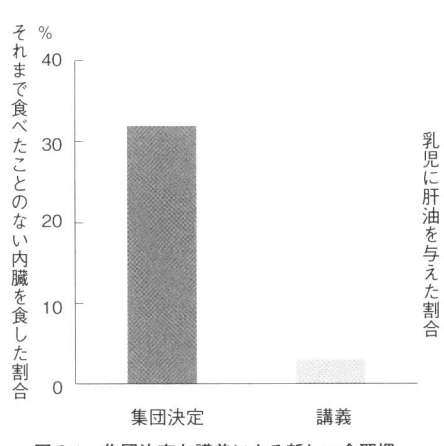

図6-1 集団決定と講義による新しい食習慣（内臓料理）の採用率（Lewin, 1947 より作成）

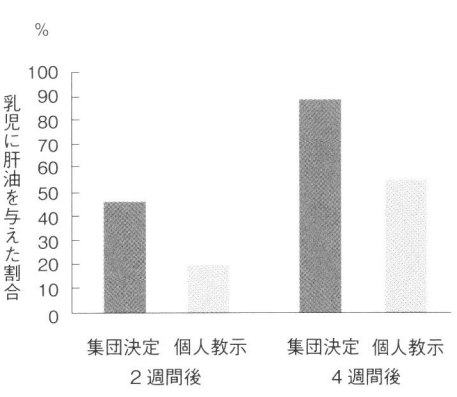

図6-2 集団決定と個人教示による新しい食習慣（肝油）の採用率（Lewin, 1947 より作成）

た．さらに，集団意思決定の効果が強いときには行動への拘束力が強く，栄養学的に正しいか正しくないかにかかわらず同じようなパターンが見られた．つまり，集団意思決定の効果の強さと同時に，それを慎重に扱わなければ非科学的で望ましくない帰結も生じうる可能性もあることが一連の研究から読み取れる．

6-2-2　集団思考

上で述べたように集団意思決定は強い拘束力をもち，ときに社会全体に望ましくない帰結をもたらす．集団思考[1]（groupthink）といって，1人ではしないような過ちを，集団になると犯してしまうことがある．集団思考とは，意思決定の質が個人で判断するよりも集団で判断することによって低下する現象であり，集団内での意見の一致を過度に追求したり，批判的な意見を排除したり，集団の能力を過大視してリスクを過小評価したり，といったことによって生じてしまう．

ジャニス（Janis, 1972）は，『集団思考の犠牲者（Victims of Groupthink）』という著書の中で，一人ひとりは優秀で冷静な判断をできるはずの成員が，集団レベルではとんでもない決定をしてしまうことを報告している．具体例として，キューバ危機におけるケネディ大統領とそのブレインたちのキューバ侵攻作戦の決定，ベトナム戦争におけるジョンソン大統領とそのブレインたちの北爆の決定などについて取り上げている．とくに，全員一致の圧力が強いとき，多数意見への同調の圧力が強いとき，事態を楽観的に見すぎてしまうとき，そして，リーダーが選好を先に示してしまうとき，などに集団思考の危険性が高いことを指摘している．たとえば，戦闘で民間人を巻き込むと反米感情が高まるのではないかという意見に対して，アメリカは独裁者から解放し自由と民主主義をもたらすので民衆から歓迎されるはずだとして，こうした慎重な意見を退ける．そうすると，はじめに慎重な意見を述べていた人は沈黙しはじめ，あたかも成員全員が民衆から歓迎されるはずだという意見をもっているような錯覚に陥る．そして，都合のいい可能性に固執し，それ以外の可能性を十分検討しなくなってしまうことにより，生じうる結果を見誤ってしまうといった展開が観察され

---

1) 集団浅慮と意訳されるときもある．

た。テトロックら（Tetlock et al., 1992）は，さまざまな事例を集め，集団思考に陥った事例と回避できた事例を比較し，集団思考に陥った事例では斉一性の圧力が高く，柔軟性がなく硬直化しているという特徴を見出している。

こうした状況に対し，集団思考を回避するために，異質な意見を言う"悪魔の代弁者"（Devil's advocate）を鼓舞する，リーダーは自分の選好を先に表明しない，サブグループに分けて議論する時間を取る，冷却期間をおく，などの対処方法をジャニスは提案している。また，具体的な議論方法として，同時に少人数で複数のテーブルで議論するバズ・セッション法，仮想の敵の立場から判断させる仮想敵法などを提案している。集団思考に陥ってしまう状況要因や，回避するための方法については後ほど触れる。

なお，蜂屋（1999）は，日本でも，実際の企業や学校などの事例から集団思考に関する考察をしている。しかし残念ながら，JR西日本の脱線事故や大阪地方検察特捜部の証拠改ざん事件，食品をめぐるさまざまな偽装（船場吉兆の使用した食品の使い回し，ミートホープの牛肉以外の肉混入，生産地の偽表示など）など，集団思考の例が数多く見られる。

6-2-3　集団極化と多数派の影響

さらに，集団意思決定のネガティブな側面として，極端に危険な方向（リスキーシフト：risky shift；Stoner, 1961；Wallach et al., 1962）や逆に慎重すぎる方向（コーシャスシフト：cautious shift；Moscovici & Zavalloni, 1969a）へ決定してしまうという集団極化（group polarization；Moscovici & Zavalloni, 1969b）が知られている。比喩的にいうと，「赤信号みんなで渡れば怖くない」となるのがリスキーシフトであり，誰もが責任回避してたらい回しの状況になっているのにそれを改善しようとしないのがコーシャスシフトの例だとイメージすればよいだろう。

リスキーシフトの研究では，たとえば，失敗すれば命に関わるが成功すれば健康体に戻れるという手術を受けるか，不安定だが高収入な仕事へ転職をするか，などといったように，ハイリスク・ハイリターンの選択肢について何パーセントくらいの確率ならその選択肢を選ぶかどうかを実験参加者に求める（Wallatch et al., 1962）。集団で討論する前に個人で判断したときには，手術の

例では，成功する確率が55%前後でなければその手術を受けたいと思わないが，集団で討議した決定としては50%より低くても受けるというようにシフトしていた。全体では，個人のときよりも集団としては平均すると9～10%程度成功確率が低くても危険な選択を選ぶようになっており，それが討議後の個人の決定にも影響を及ぼしていた。

亀田（Kameda, 1991）は，アメリカでの模擬陪審の実験で，有罪か無罪かの判断が難しい問題，つまり正解がはっきりしない問題では，多数派に結論が引っ張られやすく，集団極化が起こりやすくなることを示している。亀田（1997）は，初期の個人での意見の分布によって全体としてはより多数派に引っ張られる決定になるものとして，陪審の他に投票行動などの例をあげている。そして，こうした多数派に極端にシフトするような決定方法が本当に民主的であるかどうかについて，慎重に検討すべきだと論じている。

6-2-4　集団の創造性

集団思考や集団極化など集団意思決定のネガティブな側面ばかり見てきたが，積極的な側面はないのだろうか。「三人寄れば文殊の知恵」ということわざがあるが，1人で考えていてはなかなかいいアイディアが生まれないが，話し合うとアイディアがわいてくるという経験をしたことがある人も多いだろう。

ショウ（Shaw, 1932）は，1人では解くことが難しいパズルが，集団になると解けるという結果を示した。ところが，後にさまざまな研究がなされ，1人でも正解できれば集団全体として正解にたどり着けるなどの理由で，集団では必ずしも新たな知恵が生まれたわけではないと指摘されている（Lorge & Solomon, 1955；Restle & Davis, 1963）。

それでは，正解のない問題でのユニークなアイディアの出現についてはどうだろうか。オズボーン（Osborn, 1953；1957）は，ブレインストーミング法という，きわめて許容的な雰囲気の中で自由に討論すると，創発的な現象が期待できるとした。創発とは，集団全体の挙動のパターンが，集団メンバー各個人の直接の意図や思惑を越えた形で現れてくる現象である。オズボーンは，ブレインストーミングの基本ルールとして，批判厳禁，自由奔放を歓迎，質より量を求む，結合と改善を求むという4つの原則を提唱している。具体例としては，

20人の技術者について，ブレインストーミング法を用いた条件では，個人でアイディア出しをした条件よりも，44%も価値のあるアイディアを多く出したなどの事例を紹介している。

しかし，ブレインストーミング法には批判的な見解が多い。たとえば，テイラーら（Taylor et al., 1958）は，ブレインストーミングを用いたときと，個人でアイディアを出したときを比較すると，個人で考えた方が，アイディアの総数も，独創的なアイディアも多くなるということを示した。ディールとストローブ（Diehl & Stroebe, 1991）は，人の話を聞かなければならないので他のメンバーにより思考が中断されることで独創的なアイディアが生まれないとしている。スタイナー（Steiner, 1972）は，プロセス・ロスとして，社会的手抜き[2]（Latané et al., 1979）などと合わせて，動機づけの低下や，自分のアイディアへの評価懸念など，集団の効果性を阻害する要因を列挙している。

6-3　集団意思決定に影響を及ぼす状況要因

前節では，個人で行う場合とは異なる集団意思決定の特徴について見てきた。今度は，集団意思決定に影響を及ぼすさまざまな状況要因について考えてみよう。どういう状況下で集団思考や集団極化のようなことが起こりやすく，逆に，どういう状況下なら集団全体でのパフォーマンスがよくなったり，よいアイディアが創発したりするだろうか。集団での意思決定は，集団の特徴や性質，集団の置かれた状況，さらには，他集団との関係が影響を及ぼすと考えられるので，これらについて見てみよう。

6-3-1　集団内の状況

❶ 情報共有と隠れたプロフィール

必要な情報が集団に共有されればよりよい決定になるだろう。しかし，うまく情報が共有されないときがある。ステイサーら（Stasser et al., 1989）は，あらかじめ共有化されている情報は議論で話題に上りやすいが，共有化されてい

---

[2] 集団の人数が増えるに従って責任が拡散したり，一人当りの努力量が減ったりするような現象が知られており，これを総称して社会的手抜き（social loafing）と呼ばれている。

ない情報は話題に上りにくいことを示した。つまり，あらかじめ成員どうしに共有されていない情報は，結局，利用されないままに終わり，共有情報ばかりが確証されてしまう。裏を返すと，集団意思決定場面で話題に上れば他の可能性について考慮できたかもしれないことが隠されてしまう恐れがある。これをステイサーらは隠れたプロフィール（hidden profile）と呼んでいる。

ただし，情報が多ければよいというわけでもない。不確実な情報が多く入ってくると，かえって混乱の元になる。情報が少なすぎても多すぎても良質な意思決定につながりにくい。

仮想世界ゲームでも，ある地域の情報ばかりが話題になり，他の地域へ行ったメンバーの情報が共有化されないことがある。

❷ 凝 集 性

集団の凝集性とは，結束力やまとまりの良さであり，「成員をして，その集団に惹きつけ，その中に引き留めておこうとする力の総体」（Festinger, 1950）と定義される。凝集性の高い集団では，集団成員の同一性や仲間意識（第9章参照）を感じやすく（Hogg, 1992），優れたパフォーマンスを示すことが多い（Schacter et al., 1951）。

しかし，凝集性が高すぎると集団の均質化を招く。ジャニス（Janis, 1972）によれば，均質な集団になるほど集団思考が起こりやすくなる。ただし，凝集性が高まっても均質化しなければ集団思考は生じないとも考えられる。コールウェイとエッサー（Callway & Esser, 1984）は，集団凝集性が高く，かつ，集団意思決定の有効性が明示的に示されていないときに，集団思考が高まることを示した。一方で，集団思考と凝集性の間には関連が見られないという研究もある（Flowers, 1977；Fodder & Smith, 1982）。このように実験によって結果が一貫しないことについて，ホッグ（Hogg, 1992）は，実験では集団思考や生産性の定義によって結果がさまざまになっていると整理している。

いずれにせよ，凝集性に関しては，2つの異なった側面がある。1つは，凝集性が高いと，集団全体のパフォーマンスが高まり，自由で許容的な議論も活発になり，集団思考を回避しやすくなるというポジティブな面である。もう1つは，凝集性が高まると，集団が均質化して，斉一性の圧力が高まり，結果的に

集団思考に向かいやすくなるというネガティブな面である。仮想世界ゲームでも両方の場合が見られるが，どちらかといえば，凝集性が高まることで活発になったりすることが多く見られる。

6-3-2 集団にかかるストレス（圧力）

　同じ集団でも，置かれた状況によって異なる意思決定がなされる。その集団が，さまざまな強いストレス（圧力）にさらされていれば集団思考に陥りやすいと考えられる。集団意思決定にストレスをもたらす状況とは，課題の複雑さや時間の不足，他集団との葛藤や対立などが考えられる。そして，ストレス下では，熟慮的で合理的な判断よりも，ヒューリスティックで直感的な判断になりやすい。これらについて，以下で見てみよう。

❶ 課題の複雑さと時間的プレッシャー

　課題が複雑であるほど，また，時間的制約が大きいほど，十分に考慮することができず，ヒューリスティック（単なる思いつき）に頼って決定してしまう。シュローダーら（Schroder et al., 1967）は，国際交渉ゲームという複雑な課題における特徴を抽出し，複雑な情報処理が要求されるときに，目立つ少数の事例だけで判断してしまうことを示した。

　しかも，時間不足は，情報共有化の不足をもたらしたり，発言を制限したりする。発言が制限されれば，異質な意見も言いにくくなる。したがって，時間が不足しているほど，重要な情報が共有されず，異質な意見が言い出しにくくなり，集団思考が生じやすくなるだろう。仮想世界ゲームでも，たとえば，個人では必ずしも他地域に反発していなくても，集団全体としては他地域と関係が悪化してしまうことを，時間不足が助長してしまう場合がある。

❷ 集団間関係

　集団思考に陥ったり回避されたりすることと，大きなダイナミックスとしての集団内や集団間の関係とが，どのように影響し合っていくだろうか。緊張を伴う集団間葛藤状況に置かれれば，それ自体がストレス（圧力）要因となっているとみなせる。

社会心理学では，集団間葛藤など集団内外の関係に着目した研究は膨大に存在し，今日なお大きな割合を占めている。それに比べると，集団意思決定と集団間関係を扱った研究は多くない。だが，集団意思決定と集団間関係は切り離して議論することができない。テトロック（Tetlock, 1979）は，集団思考と集団間関係について分析し，次のようにまとめている。ジャニスが示した集団思考は，外交問題できわめて緊張度の高い関係にある外集団が存在する状況で起こったものである。確かに，このような状況では集団思考に陥りやすい可能性に十分気をつける必要があることを認めたうえで，しかし，集団思考に関する知見を過度に一般化することは危険だろう，と。こうした認識の延長上に，テトロックら（Tetlock et al., 1992）はさまざまな外交場面を分析し，外交上過度な緊張状態では集団思考に陥りやすいが，そうでなければ集団思考になるとは限らないことを示した。

シュローダーら（Schroder et al., 1967）は，国際交渉ゲームを用いた研究で他国との関係に着目し，①他国と緊張関係にあるときは他国に関する情報が断片的でまとまりがなくなる，②利害関係が強すぎてもまったくなくても決定の質が落ちる，③利害関係がほどほどにあると，国際間関係が良好な状態にあると知覚されやすく，実際に世界全体の最適解（理論上あらかじめ設計されていた）に近づく，ことなどを示した。仮想世界ゲームでも，地域間関係の良好さと集団思考の回避との関連があるような場面がよく見られる。

6-4　意思決定課題の発見と集団意思決定

6-4-1　どのように集団で解くべき課題を見つけていくか？

これまでの社会心理学における主要な集団意思決定研究の知見は，肯定的な側面も多いが，それ以上に気をつけるべき点が多い，というのが全体的な傾向のようだ。しかし，それは解くべき課題に依存するのではないだろうか。安西（1985）は，「いま自分の抱えている問題自体が何かということを理解しなくてはならない。つまり，どう手をつけていいかわからない現在の状況を，何らかのかたちで問題として表現しなくてはならない。実は，この点こそが，問題解決のプロセス全体の中で一番難しい点なのである。(p.141)」と述べている。

従来の社会心理学における集団意思決定のほとんどの実験室実験は，あらかじめ解くべき課題が実験者から与えられており，そもそもなぜそのような課題を解く必要があるのか，解くべき課題をどうやって発見するのかという問題発見のプロセスはほとんど扱われていない。一方，ゲーム・シミュレーションを用いた研究では，プレーヤー自身が解くべき問題を見出すプロセスも含めたさまざまな状況が扱われる。

　仮想世界ゲームには，個人や集団で対処すべき問題が構造的与件として設定されているが，その対処方法は1つではない。また，対処すべき問題も1つではなく，複数の問題が時間をずらしながらやってくる。しかも，ある課題を解いたら次の課題というような単線的な流れにはなっていない。仮想世界ゲームは，このような複合的な課題に対して，参加者が主体的に解くべき課題を発見し，集団意思決定をしていくプロセスを理解するうえで有効なツールである。

6-4-2　仮想世界ゲームで見られる集団意思決定の課題

　それでは，仮想世界ゲームの中でどのような集団で対処すべき意思決定事項が取り上げられていくのかを見てみよう。

　以下では，それぞれの地域でどのような集団意思決定の話題があるかを把握し，それがゲームの前半と後半でどのように変わるのか，そして，その決定を自分たちでどのように評価しているかを調べる。集団意思決定の話題は，その場で解くべき課題が地域内で共有されていたかどうか，あるいは，その地域で課題の発見と解決を考えることにつながったか，ということの目安となる。その決定の自己評価では，集団思考と関連させて，その集団意思決定は，適切だったか，多くの人の同意が得られたか，異なる意見も考慮したかなどについて見る。

❶ 集団意思決定事項として話し合われた内容

　ある2ゲームについて，どのようなことが集団意思決定事項として話し合われたかを尋ねた。尋ねた時期は，前半（1～3セッション）と後半（4セッション以降）である。表6-1にその内容を整理した。前半は，貧しい地域では，食糧確保や労働（就職や賃金）に関することが集中していた。さらに，同一地域内では，1つのトピックに集中していた。一方，豊かな地域では，前半はさま

6 不確実性のもとでの集団意思決定

表6-1 仮想世界ゲームで最も重要だったと回答された集団意思決定事項

話題	前半 豊かな地域	前半 貧しい地域	後半 豊かな地域	後半 貧しい地域
食糧確保，食料の値段，開墾など	14	21	0	4
賃上げや雇用，ストライキなど労働に関すること	10	22	1	1
企業経営，生産，株の配当など	13	7	5	0
テロ対策／テロを起こす	2	0	0	3
環境問題	8	0	42	44
選挙の公約，法律，連立	3	4	7	3
他地域との連携・対立	3	6	5	0
宝くじ	1	1	0	3
無回答	4	2	1	1

ざまな問題に内容が分かれていた。また，同じ地域にいても，重要だと思われる集団意思決定事項が個人ごとに異なっていた。ところが，後半になると，豊かな地域でも貧しい地域でも，環境問題に重要な意思決定課題が集中する。これは，環境問題を経験し，地域全体，世界全体で解決をすることが要求されたためと考えられる。以上より，おおむね，仮想世界ゲームで要求されている課題に集団で決定して対処しようとしていたといえよう。ゲームの中で次々に起こる問題を発見し，集団で対処するように変遷していく様子が読み取れる。前半で見られた豊かな地域と貧しい地域のまとまりの違いは，解くべき課題の性質に依存していたといえよう。つまり，貧しい地域では生存や労働に関わる問題は集合的に対処した方がよいため，豊かな地域では複数の異なる役割ごとに解くべき課題が異なるため，それに応じて集団または個人で意思決定をしていたと解釈できる。後半では，世界全体で解くべき課題であり，また，世界全体で協力しないと解けない環境問題について，どの地域でも中心的な集団意思決定事項として扱われるようになっていった。

2 集団決定事項の評価：集団思考が回避できたか？

それでは，これらの集団意思決定事項について，参加者たちはどのように評

価していたのだろうか．集団思考をうまく回避できたかどうかの観点から見てみよう．ここでは3つの要素と，全体の評価を考える．1つ目は，他者や他地域の意見や状況への配慮である．集団思考では，集団内の異質な意見を聞かないことや，敵国を過小評価したりなどと，異なる立場，相手の立場から見てどう思うかを十分考えないことが問題であった．そこで，集団意思決定に際して，異なる他者の意見を聞いたか，また，他地域の事情も考慮したかが，集団思考を回避できたかのチェックポイントになる．2つ目は，決定への自己の関与である．集団思考では，斉一性の圧力や評価懸念などから自分の意見を表明しなくなることが問題であった．そこで，自分の意見を発言し，それが決定に反映されたかどうかが，集団思考回避のチェックポイントになる．3つ目は，時間圧（タイムプレッシャー）である．ジャニスは集団思考を回避するうえで，冷却期間を置いたり，一度決定してもすぐに実行に移さずに，もう一度議論する時間を設けるなどの提案をしている．逆に，時間圧は情報共有を妨げたり発言が制限されたりして，集団思考のおそれを高める．以上の3点から，総合的に見て，良質な集団意思決定ができたかどうかの評価を求めた．

　これらの評価について，豊かな地域と貧しい地域で違いが見られるか，それぞれ前半と後半でどのように変化したかについて見ていこう．

　他者や他地域の配慮については，貧しい地域の方が豊かな地域よりも配慮していたと評価していた（図6-3）．貧しい地域の方が，他地域の情報を収集したり考慮したり，反対意見も考慮しながら集団全体として意思決定をしようとしていた様子が読み取れる．実際に，貧しい地域では豊かな地域と調整したり，同じ地域内の飢餓者や失業者に目を向けないと全体を維持していくことが難しかったためと考えられる．

　決定への自分の関与については，貧しい地域では前半に高く後半にやや下がり，豊かな地域では逆に前半に低く後半に高まっていた（図6-4）．貧しい地域では，前半は食糧確保や労働といった生存に関わる意思決定事項が多かったため，多くの人が話し合いに参加したとみられる．ところが，後半になって飢餓や失業の問題がほぼ解消されてくると，積極的に地域全体での意思決定に関わろうとしない人も現われ，とくに環境問題については一部のリーダーなどに任せて自分はあまり発言したりしないという人も出てきた．逆に豊かな地域では，

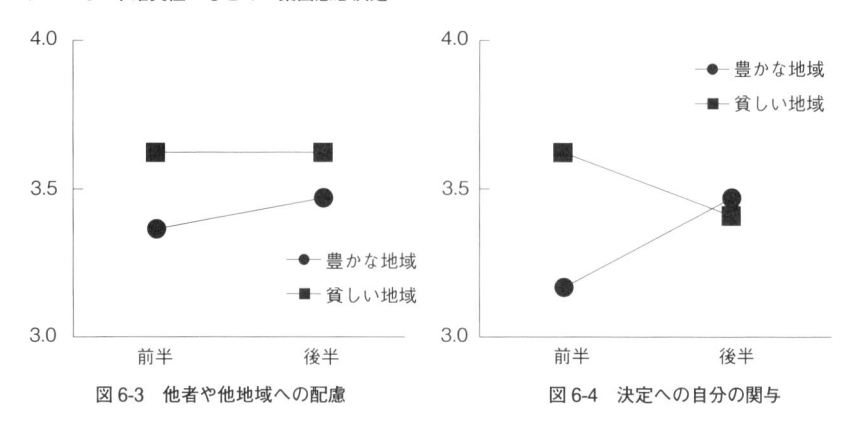

図 6-3　他者や他地域への配慮　　　　図 6-4　決定への自分の関与

　前半は，役割ごとに重要な集団意思決定事項が異なり，地域全体としてまとまって話し合うことがあまりないため，自分の意見を表明したりそれを反映させたりする必要性がまだ高くなかったと考えられる。だが，後半になると，食糧問題も企業の生産もあわせて考えるようになったり，環境問題への対処を地域全体で話し合うことが増えてきたりして，自分も関与するという人が増えてきたと見られる。

　時間圧については，貧しい地域の方が豊かな地域よりも強く感じていた（図6-5）。貧しい地域では，生存を優先するために同意を得ることを優先し，時間ぎりぎりになるよりも早く決定することが優先されがちだった様子がうかがえる。そして，決定の良質さ（総合評価）については，貧しい地域の方が豊かな地域よりもよい決定ができたと評価していた（図6-6）。貧しい地域の方が，他地域の情報を収集したり考慮したり，反対意見も考慮しながら集団全体として意思決定をしようとしていた様子が読み取れる。実際に，貧しい地域では豊かな地域と調整したり，同じ地域内の飢餓者や失業者に目を向けないと全体を維持していくことが難しかったためと考えられる。また，前半の方が後半よりも良質な決定ができたという回答が多かった。後半では，環境問題の対処や関連する法律作成など，世界全体での合意が必要でより複雑な課題に直面したためではないかと考えられる。

　以上をまとめると，全体的に見れば，ゲームで解かれるべき課題を，しかるべき時期に自分たちで発見し，集団で話し合って意思決定をしていたといえ

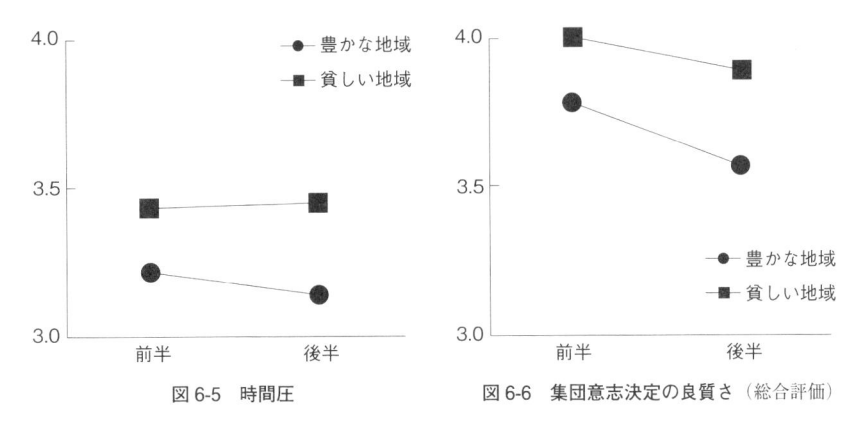

図 6-5　時間圧　　　　　　　　　図 6-6　集団意志決定の良質さ（総合評価）

よう。それぞれの決定すべき事項について，集団思考を回避するような決定をしていたが，地域の置かれている状況や時間的制約などによって，必ずしもいつも適切に集団意思決定できるわけでもないことも示された。地域の違いでは，全体的に，貧しい地域の方が他地域の状況を考慮し，自分も発言していたが，一方で全員の合意を得るために時間も足りないというプレッシャーを感じる傾向が見られた。貧しい地域の方が，集団全体でまとまって行動しないと食糧確保や就職に不利なため，それだけ集団での意思決定事項として議論される傾向にあったと考えられる。豊かな地域では，貧しい地域に比べると，前半では，他地域へ配慮したり，自分から地域全体の決定に関与しようとしたりしないという傾向が見られた。

6-5　まとめ

　集団意思決定の問題は，問題発見のプロセスと集団間関係のダイナミックスの中で理解することが重要である。だが，集団意思決定に関する多くの実験研究は，こうした関係については限定的な扱いしかしていない。仮想世界ゲームの中では，刻一刻と変化する解くべき課題を集団として発見し解いている様子が読み取れた。しかし，集団間関係など集団を取り巻く状況と集団意思決定との関連については，まだ断片的な分析しかできておらず，今後さらなる研究が求められよう。

7 社会的ジレンマをめぐる合意形成
：個人や地域の利害と社会全体の
利害は調整できるのか

7-1 仮想世界と現実での環境問題の社会的ジレンマ

　仮想世界ゲームでは，環境浄化寄金を多く集めれば，環境汚染リスクを下げることができる。しかし，寄金を払ったプレーヤーはその分資産が減るだけである。他の人が環境浄化寄金を払ってくれるなら，自分は払わない方が損をしないですむ。だが，もし，みなが自分は損をしたくないと考えて，誰も環境浄化寄金を払わなければ，環境汚染リスクは上昇するばかりである。

　現実の環境問題でも，一人ひとりがCO_2の削減に協力すれば，世界全体での大幅な削減につながるだろう。しかし，実際にはすべての人が協力的に行動するわけではない。その結果，深刻な気候変動をもたらすリスクが高まってしまう。

　このように，一人ひとりが，自分は損をしないように，得をするようにと行動することで，結果として社会全体が不利益を被り，その影響が個々人に及ぶような状況を社会的ジレンマという。身近なごみ問題から地球規模の温暖化や生物多様性まで，環境問題の多くは，社会的ジレンマに当てはまる事例が多いといえよう。

　それでは，仮想世界ゲームの中で，誰が環境浄化寄金を払うべきなのだろうか。環境汚染リスクを高めるのは，農園の開墾や企業の生産なのだから，農園や企業主，あるいは，これらに関連する豊かな地域の人が負担すべきなのだろうか。それとも，そもそも開墾は貧しい地域の飢餓をなくすため，生産拡大も貧しい地域の失業者を減らすために行っているのだから，貧しい地域の人も負

担すべきなのだろうか。こうした負担の責任の考え方について，豊かな地域と貧しい地域の間に温度差が生じる。

　現実の世界でも，先進国は，世界中すべての国々に環境問題に取り組む必要があると主張する。これに対して，発展途上国は，先進国ばかりが経済成長を成し遂げ，後から経済成長しようとする途上国の発展を妨げる「早い者勝ちの論理」であり，途上国には責任はないと主張する。「共通だが差異のある責任」という表現は，両者の意見を折衷した形になっているが，その実現への道のりは遠い。このように，負担責任の考え方をめぐって，先進国と途上国との間で歩み寄ることが難しい。

　このような問題があったとき，どのような対処方法があるだろうか。第1に，個人でできることをするという考え方がある。仮想世界ゲームの中では，ともかく意志のある個人が環境浄化寄金を行うことが考えられる。現実の世界でも，一人ひとりの環境配慮行動の促進に向けた取り組みが重要とされることに対応するだろう。しかし，それだけでは，十分な環境浄化寄金は集まらなさそうである。それに，協力しようという人だけが損をして，協力しない人が得をすることにつながるかもしれない。そこで，第2に，みんなで話し合って，決めるということがある。仮想世界ゲームでは，環境浄化寄金をいくらずつ出すべきかなどについて，ルール上は誰でも話し合いに参加することができるはずである。現実に私たちが住む社会では，多くのことが話し合って決められる。しかし，それでも話し合いに参加しない人が得をするだけになるかもしれないし，話し合いに参加しなかった人は自分は関係ないと思って協力しないかもしれない。そこで，第3に，仮想世界ゲームでは，法律により全員が環境浄化寄金をするようなルールをつくるということが考えられる。仮想世界ゲームでは，法律を作成することができ，その法律ができれば，次のセッションからすべての世界に適用される。このような法律ができさえすれば，全員が環境浄化寄金に協力することができるだろう。ただし，法律を制定するには世界全体の3分の2の得票が必要であり，これだけの同意を得ることは簡単ではない。また，法律を守らなかったらどうするかという取り決めも住民同士や地域間で合意する必要がある。現実の世界でも，理念を明確化した環境基本計画は多く作成されているが，守られなかったら，達成できなかったらどうするという点は，あま

り明記されることはない。世界全体での条約に至っては，成立させることすらとても難しく，その条約にどのくらい実効性をもたせるかは各国の取り組みに任される部分が多い。

　仮に，これらの幾多もの困難を乗り越えて，世界全体で合意ができたとしよう。その合意づくりに参加する人は誰だろうか。一定規模以上の人数からなる社会では，全員参加で決めることは事実上不可能に近く，多くの場合は，一部の代表者が決めるのではないだろうか。仮想世界ゲームでは，環境問題が発生したときに，費用負担をめぐって，政党や環境団体といった各地域の代表者が集まって決める場合が多い。現実の世界でも，国際会議などに参加するのは政治家や環境団体，業界団体などの代表者である。そうなると，それ以外のそこに参加しなかった人びとが決定を受け入れるかどうかは別の話だということになる。このとき，代表者を信頼できるか，どのようなプロセスを経て決定したことなのか，などが重要となってくるだろう。仮想世界ゲームでは，政党や環境団体などを「自分たちの地域の代表者だ」と思えば，その代表者を信頼しやすいという場合が多い。このような前提が成立しているから，ほとんどのゲームで，環境問題が発生したときに世界全体での費用負担について合意が得られ，環境問題への対策費用が集められるのである。ただし，いつもとは限らない。地域でのまとまりがなかったり，代表者が勝手に決めてきてしまったので決定を受け入れられないという場合がないわけではない。このような決め方と決定の受容についての考え方も，社会的ジレンマの問題を考えるうえで重要になってくる。

　以上のように述べてくると，さも難しい問題のように聞こえるが，悲観するようなことばかりでもない。仮想世界ゲームでうまく社会的ジレンマとしての環境問題が解かれている理由を明らかにしながら，現実の問題でも参考となるような知見が得られないか，以下で見ていこう。

7-2　社会的ジレンマ研究

7-2-1　社会的ジレンマの定義

　社会的ジレンマは，環境問題に限らず多くの問題に当てはまるだろう。たと

えば，いじめ，残業問題，道路渋滞，公共料金の未納など，読者のみなさんも社会的ジレンマの例を考えてみてほしい。日常生活は社会的ジレンマに満ちあふれていることを想像できるだろう。

社会的ジレンマは，次のような定義が用いられている（Dawes, 1980；Marwell & Schmitt, 1972；Pruit & Kimmel, 1977）。

❶一人ひとりが「協力」か「非協力」かを選択できる。
❷このような状況のもと，一人ひとりの人間にとっては，「協力」を選択するよりも「非協力」を選択する方が望ましい結果が得られる。
❸集団の全員が自分個人にとって有利な「非協力」を選択した場合の結果は，全員が「協力」を選択した場合の結果よりも悪いものとなってしまう。

社会的ジレンマは，心理学，経済学，社会学，政治学など，多くの分野で研究されてきた。たとえば，ハーディン（Hardin, 1968）は，『共有地の悲劇（The Tragedy of the Commons）』という論文で，次のような寓話を紹介している。舞台は産業革命前のイギリス農村の共有牧草地で，この牧草地で村人たちは自由に羊を放牧できる。それぞれの村人にとっては放牧する自分の羊を増やせば増やすほど自分の利益が大きくなるので，村人は自分の利益のみを考えて，なるべく多くの羊を放牧するようになった。しかし，多くの村人がこのように考え，共有地に放牧する羊の数を増やしていったところ，羊は根こそぎ草を食べてしまうので牧草地は次第に荒廃し，やがて羊を増やすどころか放牧すらできなくなってしまった。共有地の悲劇も，典型的な社会的ジレンマの例となっている。

7-2-2　囚人のジレンマと応報戦略

類似の問題は，ゲーム理論と呼ばれる分野でも早くから研究されてきた。中でも有名なのは囚人のジレンマ（prisoners' dilemma: PD）と呼ばれるもので，次のような話である。ある事件があって，共犯である2人の容疑者が捕らえられ，留置場に入れられた。この2人の囚人は別々の部屋に入れられて，別々に調べられている。検察側は十分な証拠をつかみきっていない。検事は，この2

表7-1 囚人のジレンマの利得行列の例

		もう一人の囚人の選択	
		黙秘する	自白する
自分の選択	黙秘する	3年 / 3年	1年 / 15年
	自白する	15年 / 1年	10年 / 10年

人の囚人に次の2つの選択肢があることを示す。1つは,「黙秘を続ける」ことで, もう1つは「共犯証言をする」ことである。共犯証言とは, 米国の司法取引で, 共犯者の1人が自発的に証言をすれば, 他の被告には不利となり, 証言をした本人自身には, 減刑が行われるという制度のことである。相手を信頼して黙秘をすると, もう1人も黙秘してくれれば3年ですむが, 相手が自白してしまった場合, さらに罪が重くなり懲役15年という長い刑期を科せられてしまう。一方, もし自分が自白すれば, 相手が黙秘した場合, 減刑され1年ですむ。お互いに自白しあった場合には刑期は10年になる (表7-1)。相手が黙秘した場合も自白した場合も, 自分は自白した方が刑期が短くすむ。ところが, 2人とも自白した場合より, 2人とも黙秘した場合の方が量刑が軽い。しかし, 結局両者が自白してしまうことでより短い量刑を逃してしまう。

2者による囚人のジレンマでは, 相手との関係が繰り返される限りにおいては, 応報戦略 (Tit For Tat) と呼ばれる戦略が有効であることがわかっている (Axelrod, 1984)。応報戦略とは, 相手が協力をしたら協力で返し, 非協力をされたら非協力で返すというもので, しっぺ返しとかオウム返しとも呼ばれる。この戦略で重要な点は, 自分から先に裏切らないこと, 相手の非協力に対して敏感に (迅速に) 反応すること, とされている。アクセルロッドは, 多くの研究者に呼びかけさまざまな戦略を募集し, それらの戦略を対戦させるシミュレーション研究を行い, どのような戦略が上位にランクされるかを検討した。その結果, 自分から先に非協力をして搾取を試みる戦略はいずれも上位には残れな

かった。このような搾取を試みようとする戦略は，たちまち反撃されてしまい，すぐに相互非協力に陥り，自分も損をして終わるのである。また，非協力をされたときにも協力し続けるような気前のよすぎるお人好しな戦略も，上位得点を得られなかった。たとえば，非協力されてから2回は様子を見る（仏の顔も三度まで）といった戦略は，非協力者に搾取されて上位に残れなかった。このようにして，結局のところ，自分からは非協力しない，搾取しないという「上品さ」と，非協力に対しては直ちに反撃する「敏感さ」の両方を兼ね備えた応報戦略が上位の得点を得られたのである。

ただし，3人以上の場合には応報戦略が有効でないとされている。また，相手がどのような行動をとったかがわかることが前提であり，相手に関する情報がない場合にも応報戦略は使えない。

7-2-3　どうすれば協力を導けるか

囚人のジレンマや社会的ジレンマにおかれた状況で，どうすれば相互協力を達成できるかという研究が膨大に蓄積されている。大きくまとめると，社会的ジレンマの解決は，自発的協力促進と構造変革の2つに分類できる。自発的協力とは，個人のレベルで協力しやすくすることである。たとえば，話し合いにより，お互いに協力する必要性を共有し，他人も協力するだろうという期待や信頼を高めたりすることである。構造的解決とは，たとえば，非協力をしたら罰金を取る，そのために監視システムを作る，あるいは，協力者には報酬を与えるといったように，非協力をすれば損をし，協力すれば得をするように利得構造を変えることである。

ただし，いずれも限界がある。自発的協力促進による解決に頼っていては，結局協力しない人が得をするというフリーライダー問題が常につきまとう。構造的解決は，二次的ジレンマという問題がある。たとえば，誰が監視するか，報酬のための資金をどう集めるかといった問題を考えなければならず，こうしたルールを作るためのコストを負担しなければならないが，それ自体が一種の社会的ジレンマとなっており，監視や資金提供などのコストを払わない人が出現することで，実現できないという問題が生じる。これを二次的ジレンマという。

実際には，問題ごとにこれら2つのアプローチの長所を組み合わせていく必要があり，2つのアプローチを統合しようという試みがなされてきている (Pruitt & Kimmel, 1977；Yamagishi, 1986)。

また，社会的ジレンマのような状況ではとくに信頼が重要な鍵となることを多くの研究が指摘している（たとえば Deutsch, 1958；Ostrom & Walker, 2002；山岸, 1998)。たとえば，30分ほど社会的ジレンマに関係ない話題でもコミュニケーションをすれば，その相手が協力するかどうかある程度判断ができ（Frank et al., 1993），とくに，他者一般を信頼する傾向をもっている人ほど相手が協力するかどうかを正確に判断していた（菊地ら, 1996）。こうした一連の研究は，コミュニケーションによる解決が現実にはかなり有用であるが，しかし，無条件に話し合えばいいというわけではなく，そこには信頼について理解を深めることが欠かせないということを示唆している。

7-3 ゲーミング技法を用いた社会的ジレンマ研究の意義

多くの実験研究は，単純な得点で表現され，多くの状況要因を統制して純化した状況を設定する。このことは，現実の事象を再現するという点で外的妥当性に欠ける。また，ほとんどの場合が，実験参加者はジレンマ状況（ないしは，取引などによりもうけるべき状況など）であるということを最初から意識させられる。

仮想世界ゲームでは，ゲームの構造的与件としてはあらかじめ社会的ジレンマ構造が含まれているが，そこに参加したプレーヤーにとっては，必ずしもはじめから社会的ジレンマであるとは捉えられていない。徐々に環境リスクが高まることで，そして，やがて環境問題が発生することにより，多くのプレーヤーが社会的ジレンマであるというある種の世界観を共有していく。この共有化されるプロセスこそが社会的ジレンマ研究に必要な視点である。

現実の環境問題を考える際にも，さまざまな関心に基づいて行動している人びとがおり，すべての人が環境問題を社会的ジレンマとして捉えているわけではないだろう。しかし，ひとたび環境問題の重要性が議論されるところでは，たとえば，「将来世代のために」とか，「持続可能な社会のために」「循環型社会形成のために」などと，個人利益を超えた社会全体にとって望ましいあり方が

強調され，それが多くの人々の間に共通の認識として共有化されていく。このことにより，必ずしも社会的ジレンマという言葉を知らない人でも，考え方としては，社会的ジレンマという枠組みで社会を捉え直そうとしていることに似たようなプロセスが観察される（土場, 2008；Ohnuma, 2009）。大沼（Ohnuma, 2009）は，家庭ごみの有料化を含むごみ分別収集制度の変更に際し，有料化だけに焦点を当てると，個人の負担感やごみを出す量に応じた負担が衡平だなどといった，個人の利害に関する要因ばかりが関連してくるが，循環型社会形成やごみの埋め立てに用いられる最終処分場の延命など社会全体にとっての便益に焦点を当てると，個人の負担感よりも，公共の便益につながるかとか，公正な手続きでルールづくりが進められたかという評価（手続き的公正については後述する）が重要となってくることを示し，合意形成場面において多くの人びとが社会的ジレンマ状況という枠組みで理解することの意義を論じている。

このように，多種多様な世界観があるなかで，社会的ジレンマという枠組みをプレーヤーたちが共有していくプロセスの分析は，通常の実験では難しいだろう。シュービク（Shubik, 1965）は，高度に統制された実験の対極にゲーム・シミュレーションを位置づけ，次のように述べている。「心理学者の実験的ゲームの多くは，環境設定で非常に退屈なものになりがちである。その反対側の極端には，政治・外交交渉の運用教材[1]として工夫されたゲームがある。(中略) 集団心理的動態過程については，どの形式的ゲーム論に関するものよりも多いのが普通である」（白崎文雄訳, 1969；p.79）。つまり，ゲーム・シミュレーションは，社会的ジレンマの問題を扱ううえでも，実験には見られない，よりダイナミックな集団過程が観察可能であるといってよい。エイブリック（Abric, 1982）は，同じゲーム状況でもそこに参加した個人の主観的な状況の定義が協力するか否かを決めているとして，そこからプレーヤーどうしにもたらされる社会的表象が意識的・無意識的に影響し合っていくと論じている。仮想世界ゲームのようなゲーム・シミュレーション技法は，これらの観点からの分析を可能とする有力な研究ツールとなり得るだろう（Greenblat, 1974；広瀬, 2000）。

---

[1] ここで「政治・外交交渉の運用教材」と表現されているのは，ゲッツコウ（Guetzkow, 1959）の国際関係シミュレーションなど，当時盛んに議論されていたゲーム・シミュレーションを指していると思われる。

7-4 仮想世界ゲームにおける社会的ジレンマ解決のプロセス

それでは，仮想世界ゲームにおける社会的ジレンマに関連する研究を見ていこう。

7-4-1 寄金への意図を左右する要因は何か

まず，環境浄化寄金をどのくらいしてもいいと思うようになるのかを見てみよう。ゲームの開始時は，社会的ジレンマだという状況であり，環境浄化寄金をしなければ環境問題が発生してしまうことに考えをめぐらせにくいだろう。とくに，ゲームの前半では，飢餓や失業を解消し，テロリズム・リスクを下げることが優先課題であり，環境問題のことまで気にしていられないというのが実情だろう。よって，環境浄化寄金をしようという意図がはじめは低く，ゲームの進行に伴って高まっていくと考えられる。

また，環境浄化寄金をしようという意図は，豊かな地域と貧しい地域で異なるだろう。階層間格差がある場合には，低地位の人びとは格差を縮小しようとする行為により，資源の利用頻度が増加し，社会全体の効率が達成しにくくなり，共有地の悲劇が生じやすいといわれている（長谷川, 1991）。仮想世界ゲームでも，豊かな地域は，環境汚染は貧しい地域のために開墾したり，雇用を増やすために生産拡大した結果だから，豊かな地域だけでなく貧しい地域にも責任があると考えるだろう。貧しい地域は，開墾や企業の生産拡大は豊かな地域が行ったのだから，豊かな地域に責任があると考えるだろう。こうした考え方の差は，寄金を払おうとか，解決しようという意図の差を生じさせるだろう。実際の解決についても，貧しい地域の方が消極的だろう。

以上のことについて確かめてみると，全体的に見れば，はじめは寄金をしようという意図が低く，セッションとともに意図が高まっていた。また，豊かな地域と貧しい地域の間には差があり，豊かな地域の方が寄金意図が高かった（図7-1）。また，環境浄化寄金意図を規定する要因を調べてみると，影響力の強かった順に，危機認知と対処有効性，負担の衡平感，全体への同調であった（図7-2）。環境問題を危機だと捉え，みんなで対処すれば有効だというように，共益への関心が高まるほど，寄金意図も高かった。しかし，資産を多くもって

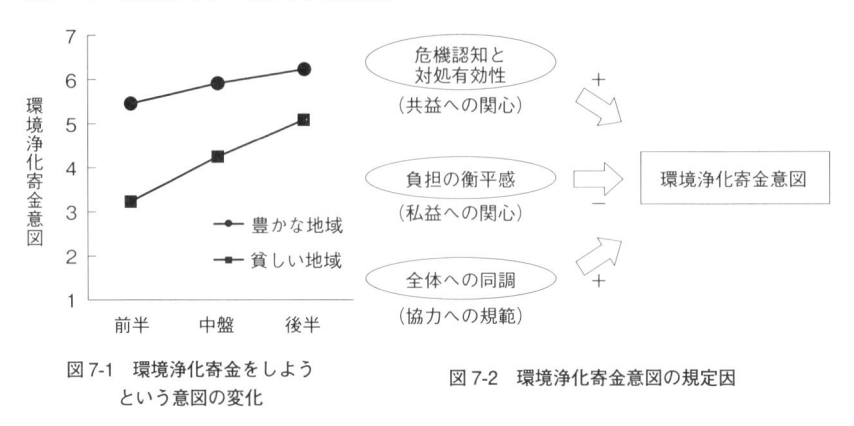

図 7-1　環境浄化寄金をしよう
　　　　という意図の変化

図 7-2　環境浄化寄金意図の規定因

いる割合に応じて寄金すべきだと考えると，寄金意図は低くなった。つまり，多くもっている人がたくさん寄金すればよいと考え，自分のお金は減らしたくないと思うと，寄金意図が低くなる。そして，みんなが寄金をするなら自分も寄金するという他者への同調傾向が高いほど，寄金意図は高かった。

7-4-2　どのような解決の手段がいいと思うか

　自分が寄金をしてもよいと思っても，実際に寄金するかどうかは少し別の話になる。たとえば，自分は寄金してもよいと思っていても，他の誰も寄金をしなければ，自分だけ寄金するという行動に至ることは難しいだろう。実際にどのようなやり方ならば寄金をするようになるか見てみよう（大沼・広瀬, 2002）。

　仮想世界ゲームの中では，もちろん，行動は個人の判断に任せられているので，環境浄化寄金をするかどうかも個人の判断でしたりしなかったりできる。こうした状況で，個人で環境浄化寄金を払うというやり方がもっとも単純なやり方である。次に，自発的協力促進として，話し合いによって，複数名・複数団体から環境浄化寄金をするというものがある。このためには，自地域や他地域の住民と話し合う必要がある。そして，構造変革には法律作成がある。先に述べたように，世界全体の3分の2以上の票が集まれば，全員が寄金をするような法律が作れるかもしれない。こうしたそれぞれの解決の方法のなかで，参加したプレーヤーたちはどのような解決方法を望むのだろうか。

　それを尋ねた結果を図7-3に示す。3つの解決の方法を比較すると，話し合

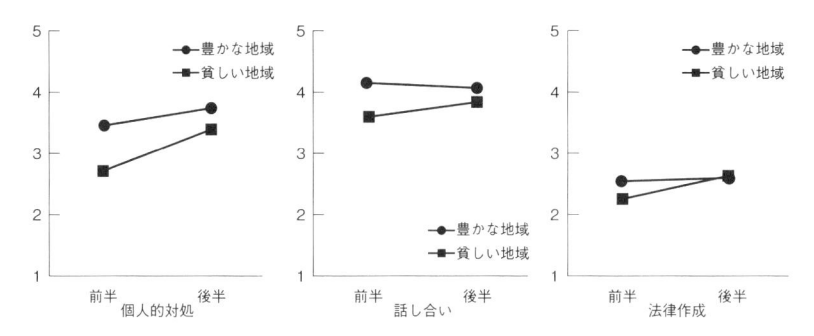

7-4 仮想世界ゲームにおける社会的ジレンマ解決のプロセス

図 7-3 各解決の方法の選好度（大沼・広瀬, 2002）

いが最も望まれやすく，個人的に対処するというのも望まれやすかった。法律作成は，これら2つに比べると望まれにくかった。また，全体的な傾向としては，前半よりは，環境問題が起こった後の後半の方が望まれやすくなった。とくに，貧しい地域では，どの解決の方法も，前半より後半で高まっていた。しかし，豊かな地域では，話し合いや法律作成については，必ずしも後半に高まってはいなかった。以上の結果をまとめると次のようにいえるだろう。法律作成のような制度を作ることは難しく，話し合いによる解決がまずは求められる。だが，豊かな地域と貧しい地域には温度差があり，必ずしも話し合いがうまくいくとは限らない。しかし，実際に環境問題が発生した後には，貧しい地域でも解決したいという傾向は高まり，豊かな地域に近づくため，最終的には，環境問題解決に向けた取り組みがなされることになりやすい。

次に，これら3つの解決策選好度を規定する要因について考えてみよう（図7-4）。1つ目の，個人的に対処すべきだと思うかどうかは，自分で費用を負担してもよい，逆に，自分にはお金に余裕がないといった個人のコスト評価が関連してくるだろう。自分はお金を払えない，払いたくないと思うほど，個人的対処はしようとしないだろう。加えて，個人の環境配慮行動は周囲の他者に影響されることがよく知られている（Ajzen & Fishbein, 1977；広瀬, 1995；Schwartz, 1977）。つまり，他のみんなも寄金するなら自分もするとか，周囲から寄金するようにというプレッシャーを感じれば，個人的にも対処しようとするだろう。2つ目の，話し合いによる解決には，まず，責任帰属が関連するだろう。つまり，自分にも環境責任があると思うか，逆に，環境汚染は一部の人

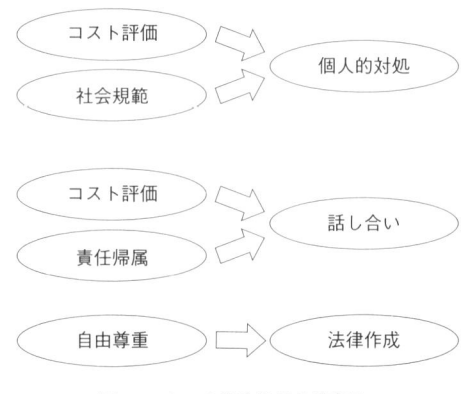

```
          コスト評価  ⟶
                      個人的対処
          社会規範   ⟶

          コスト評価  ⟶
                      話し合い
          責任帰属   ⟶

          自由尊重   ⟶  法律作成
```

図7-4　3つの解決選好の規定因
（大沼・広瀬, 2002をもとに作成）

だけにあると思うかで，話し合うべきか否かの判断も変わるし，話し合ってうまくいくかどうかも異なるだろう。加えて，話し合いも，個人的対処と同様に，自分が費用を負担してもよいと思うかどうか，逆に，自分は負担したくない，そんなお金の余裕はないと思うかで異なってくるだろう。3つ目の法律作成は，全世界の住民に等しく影響を及ぼそうというものである。したがって，環境浄化寄金を集めるという行為が，個人の自由意志に任せるべきものか，全世界の住民の義務と思うかという判断によることになる。あくまでも個人の自由を尊重しようと思えば法律作成による解決は望むべきでないし，個人の自由をある程度制約してでも全国民の義務だと考えれば法律作成による解決が望まれるはずである。以上のことは，実際に確かめられている（大沼・広瀬, 2002）。

7-4-3　解決方法の決定を受け入れられるのはなぜか

先に述べたように，合意形成場面では，全員の住民が同時に話し合って決めるのは事実上無理だろう。40人から50人程度からなる仮想世界ゲームでも，現実世界よりはるかに小さい規模にもかかわらず，全員が一堂に会して話し合いのテーブルに着くことは難しく，政党や環境団体など各地域の代表が話し合って決め，それを各地域住民に伝えることがほとんどである。このような決定があったときに，意思決定に加わらなかった住民は，果たしてそれを受け入れられるだろうか。ともかく何らかの費用を負担しなければならないのだから，

無条件に受け入れられるとは考えにくい。したがって、どういう条件がそろったら受け入れ可能なのだろうかということを検討する必要が生じる。

ここで決定の受容に関連する要因として、2つの公正を取り上げる。それは、費用分担をめぐる分配的公正と交渉や決定のプロセスに関する手続き的公正である（第8章参照）。分配的公正とは、文字どおり、分担や分配の分け方や負担の仕方の問題である（Deutsch, 1975；1985）。仮想世界ゲームの中で環境問題が発生したときに、たとえば、「すべての地域が同じ割合で負担すべきである」とか、「豊かな地域が多く負担すべきである」「多くの生産をしている企業のある地域が多く負担すべきである」といった議論は、いずれも分配的公正の問題になる。手続き的公正とは、決定に至るまでのプロセスが公正であったと思うかどうかである（Thibaut & Walker, 1975；Leventhal, 1980；Lind & Tyler, 1988）。仮想世界ゲームでは、自分の地域の言い分を他地域に聞いてもらえたか、それが決定に反映されたか、などが該当する。たとえ環境問題の費用負担をめぐる分配的公正が高くても、自地域の主張が認めてもらえなければ、決定を受け入れようとは思わないだろう。この分配的公正と手続き的公正が、合意形成や葛藤解決に重要だという研究が多くあり（たとえば Lind & Tyler, 1988；Törnblom & Vermunt, 2007）、環境問題をめぐる現実の社会的ジレンマの事例でも適用可能なことが示されている（Ohnuma et al., 2005；Tyler & Degoey, 1995）。

仮想世界ゲームでも、分配的公正と手続き的公正の両方が寄金分担の受容を規定していることが確かめられている（図7-5：Hirose et al., 2007）。寄金分担をめぐる公正は、問題の深刻さと寄金の負担感が規定因となっていた。つまり、現在の環境問題が深刻で社会全体で解くべき問題だと思うほど、また、自分は寄金を払ってもよいと考えるほど、寄金分担の公正感が高まっていた。手続き的公正は、意見の反映度と意見表明の機会が規定因となっていた。つまり、自分の地域の意見を表明でき、それが決定に反映されていると思うほど、手続き的公正が高かった。

また、豊かな地域と貧しい地域で異なる傾向が見られた。すなわち、豊かな地域では、寄金分担の公正さという分配的公正が強く受容に影響していたが、貧しい地域では、手続き的公正が強く影響していた。さらに、他地域への信

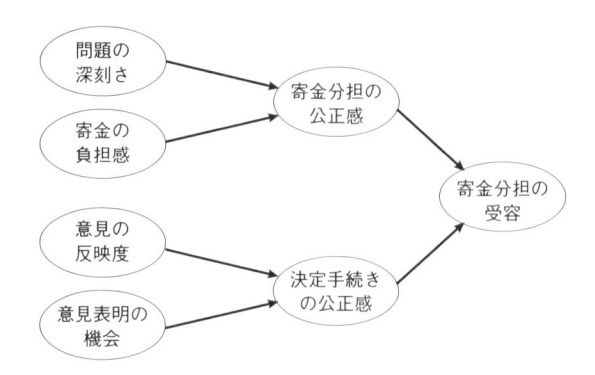

図7-5 決定手続き・寄金分担の公正さと寄金分担の受容との関連 (Hirose et al., 2007)

頼が低いときに，より手続き的公正の影響が強かったことも確かめられた。これらの結果から，次のように考えられる。豊かな地域では，実際に貧しい地域よりは多くの環境問題解決費用を負担することになる場合が多いので，「問題解決の費用を負担するのは我々だ」という自負心から，分配的公正感から決定受容への影響が強くなると解釈できる。一方，貧しい地域では，実際の分担以上に，豊かな地域と対等な交渉をして，自地域の主張を認めてもらえるかどうかが重視されやすいため，手続き的公正が決定の受容により重要になってくると解釈できる。さらに，豊かな地域か貧しい地域かにかかわらず，他地域が信頼できない場合は，とくに手続き的公正が重要となっていた。解釈を広げると，お互いの信頼関係が構築できていない段階では，どのように分担するかという前に，相手の言い分をよく聞き，それを尊重して決定の中に織り込んでいくというプロセスがより重要となってくると考えられる。

7-5 まとめ

社会的ジレンマの問題は，狭い意味で合理的に考えると解決不可能な問題のように見えるが，実際には，むしろ，多くの人が置かれた状況を社会的ジレンマと捉えることで全体として解決に向かう可能性が示された。ただし，個々人が社会的ジレンマ状況だと思えば無条件で協力することを意味しない。多くの人々の間で社会的ジレンマ状況だという認識が共有され，その解決のプロセス

もまた共有されていくことで，手続き的公正や信頼が高まるといったことと絡み合いながら合意形成が可能となるのである。

　仮想世界ゲームで得られた社会的ジレンマをめぐる合意形成のプロセスのあり方に関する知見は，現実世界の地球規模の環境問題をめぐる合意形成にどのくらい貢献できるだろうか。

資源分配における公正性と正当性
：誰がどのようにコモンズを管理するのか

8-1 仮想世界ゲームにおけるコモンズ：資源の管理と分配

　貨幣や家や自家用車といった財貨（モノ）は所有者のみが利益を享受できる私的な資源（私有財）である。これに対して川や海や森など，不特定多数の人々が利用し，誰もが利益を得ることのできる共有的な資源も存在する。このような共有的な資源を，コモンズ（共有財）という。

　コモンズには利害や価値観の異なる多様なアクターが関わっている。しかし海や森などのコモンズを各アクターが好きなように利用すればたちまちそれらは枯渇し，誰もが困ってしまう——これは，第7章で解説された社会的ジレンマと呼ばれる構造である。すべてのアクターが公正かつ持続的にコモンズから利益を得るためには，コモンズに対するみんなのフリーアクセスを制限する取り決めを作り，全員がそれを受容して，各自の私的利益に一定の抑制をかけなければならない。つまり，コモンズが枯渇しないように適切に管理し，資源を各アクターへ適切に分配するための取り決めが必要になる。さて，そのような取り決めは，誰がどんな手続きで決めればいいのだろうか。

　コモンズをめぐる資源の管理と分配は，もちろん仮想世界ゲームにおいても重要な事柄である。たとえば「農園」は，仮想世界ゲームのプレイヤーがゲーム世界で生きていくために不可欠の食糧チケットを生みだす。ゲーム世界における食糧チケットの管理と分配には，豊かな地域と貧しい地域という2種の異なる集団が関わっている。このように立場や利害の異なる複数の集団が資源分配に関与する構造は，現実の社会において多様な人々が関わる川や海や森を，

誰がどのように，どんな手続きで管理・分配するのかという資源分配の問題と共通している。

この章では，多様なアクターが関与するコモンズを円滑に管理するための資源管理のあり方とその手続き，適正な管理者とは誰かについて，公正性と正当性という概念をもとに議論してみよう。

8-2 「公正な分配」に関する社会心理学

コモンズをはじめ資源管理の本質的な部分とはそもそも，その資源に関与する人々が各自どのくらい資源を分け与えられるべきかという分配の問題にほかならない。どんな根拠から誰にどれほどの資源が分配されるべきなのか，人々が満足できる分配結果とはどんなものかについて，まず考える必要がある。公正な分配について示唆を提供するのが，資源分配の結果の公正性を人々がどう認知するかという，分配的公正（distributive justice）の概念である（Deutsch, 1975；1985）。

8-2-1 どのような分配結果を公正と感じるか：分配的公正

アダムス（Adams, 1965）の衡平理論は，どのような分配結果を人々が公正（あるいは不公正）と感じるかについて，以下のように論じている。資源のやりとりを行う個人と個人の間での公正は，自己のインプット（その交換関係に投入される自己の資源――貨幣などの財貨，サービスや愛情，技能や努力などの心理的な資源など）とアウトカム（その関係から得られる資源すべて）との比率を他者と比較した結果によって決定される。たとえばXとYの2者間に公正が成立するか否かは，以下の公式から導かれる。

$$\frac{個人Xの報酬(O_x)}{個人Xの投資(I_x)} = \frac{個人Yの報酬(O_y)}{個人Yの投資(I_y)}$$

この公式で個人Xの報酬と投資の比率が，❶他者である個人Yの報酬／投資の比率と一致すれば，XとYとの間で公正が成り立ち，これを衡平利得と呼

ぶ。❷Xの報酬／投資の比率がYのそれよりも大きい場合には，Xは自己の投資に対して他者Yよりも過大な報酬を受け取っていることになり，過大利得と呼ばれる状態になる。❸逆に，Xの比率がYよりも小さければ，Xの投資に対してYよりも過小な報酬しか受け取っていない状態となり，過小利得と呼ばれる。アダムスによれば，上記の❸過小利得に陥った人がその状態を不公正と認知し，不満や緊張をもつのは当然だが，❷過大利得を獲得した人もまた，罪悪感や不快感をもつという。人々は常に他者と公正な関係を確立しようとしており，過小でも過大でも他者と比較して自分が不公正な状況になると，不快を感じるのである。プリチャードら（Pritchard et al., 1972）は，新聞広告に応じてやって来た従業員を，広告どおりの業務を割り振って適正な賃金を払う適正条件，広告よりも仕事は少ないが賃金は広告どおりとなる（つまり，仕事量に対して賃金が不当に高い）過大条件，広告の賃金が法的には不当に低いと告知したうえで「契約だから」と公告どおりの賃金しか支払わない過小条件，以上3つの条件に配置した。図8-1は，この3つの条件における従業員たちの満足感である。衡平理論の予測どおり，適正賃金の条件における従業員の満足感に較べて，過小賃金と過大賃金の2つの条件では，いずれも満足感が低くなった。

　衡平理論の要点は，人々の公正・不公正の認知が自分と他者の投資と報酬を比較したバランスによって決定される，という主張である。人々が他者との比較のうえで，自分が投資した分に見合うだけの報酬を受け取る状態——つまり

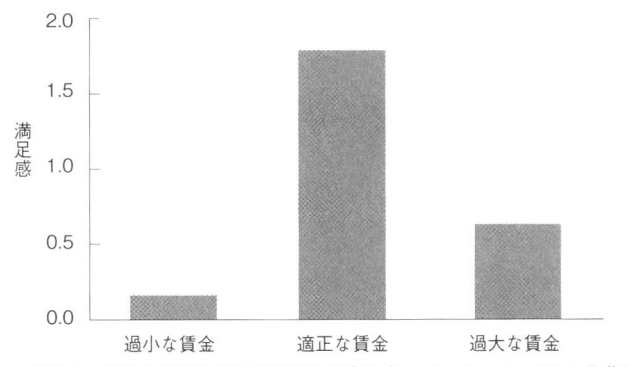

図8-1　賃金の公正性による満足度の差異（Pritchard et al., 1972より作成）

衡平原理を，資源分配における公正の基盤とみなす。この考え方は，恋人や夫婦といった親密な人間関係における公正の成立にも適用されている（Walster et al., 1973）。

しかし分配的公正を成立させるのは，衡平原理だけではない。人々の投資の多少に関係なく報酬を均等に分配する平等原理，あるいは各自の必要に応じて報酬を分配する必要原理なども指摘される（Deutsch, 1975）。人々は状況に応じてこの3つの原理を使い分けるとされるが（Lerner, 1977；Schwinger, 1986），たとえばレーベンソールとレーン（Leventhal & Lane, 1970）は，児童集団に課題を出して全員で達成させた後，集団の中の1人にご褒美のお金を渡し，「みんなへ分けるように」と告げる手続きで，分配的公正の原理を検証した。男子の集団では課題達成に向けた各自の貢献量に応じてご褒美を分配する衡平原理が採用されたのに対し，女子の集団では貢献量に関係なく全員へ均等に分配する平等原理が採用されやすかった。なぜこのような性差が現れるのだろうか。ドイッチ（1975）によれば，衡平原理が公正とされるのは人々の関係が競争的で経済性が重視される場面である。しかし融和的で協同志向的な関係の促進が求められる場面では，平等分配の原理が重視されるという。この解釈を適用すると，たとえば男子は各自の達成を競い合って切磋琢磨する性役割をトレーニングされるが，女子には競争よりも円滑で仲の良い関係の構築が求められるため，それぞれの採用する分配の原理が異なる，とも考えられる。

男子と女子の間で分配の原理が異なることは，社会における多様な集団ごとに，どのような分配結果を公正と捉えるかの視点がそれぞれ異なる可能性を示唆する。経済的な地位や人種，宗教や民族といったカテゴリーで区分される集団どうしで分配的公正における相互の視点が異なるとき，公正な資源分配をめぐる合意形成が困難になってしまう可能性もある。

8-2-2 「分配の決め方」に関する公正：手続き的公正

資源を分配しようというとき，分配結果そのものだけではなく，その分配結果がどんな経緯で決められたのかという決定経緯の公正性，すなわち手続き的公正（procedural justice）によっても，分配結果の受容が左右される。

手続き的公正が重要になるのは，ある権威者が人々の利益に関わる決定を

8-2 「公正な分配」に関する社会心理学

```
判決への満足感
 4 ─  ▲────────────▲
 3 ─                    ■
 2 ─              ▲ 勝訴した当事者
 1 ─  ■           ■ 敗訴した当事者
     審理手続きが不公正とみなす　審理手続きが公正とみなす
          審理手続きに対する紛争当事者の評価
```

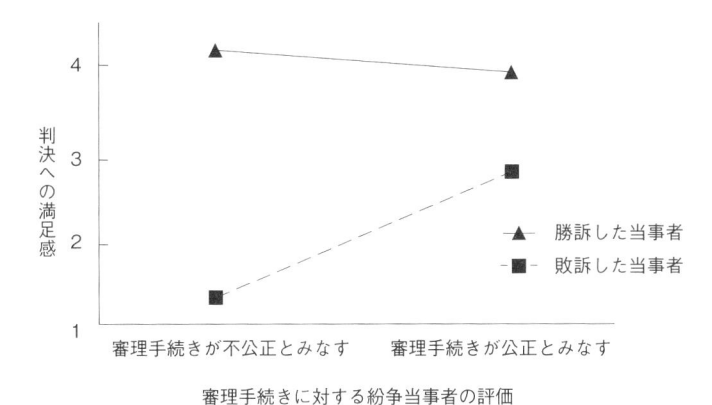

図 8-2　裁判所の判決に対する紛争当事者の満足度（Adler et al., 1983 より作成）

行い，人々がそれを受け入れるかどうかが問われる場面である。たとえば職場で上司が部下の仕事を評価する場面，裁判で被告に判決が下される場面などだろう。図 8-2 は，裁判所の判決に対して紛争当事者たちがどの程度の満足を感じたか，判決の審理手続きが公正だったとみなす者と不公正とみなす者に当事者を分け，群間で比較した調査結果である（Adler et al, 1983）。勝訴した者は，審理手続きが公正であれ不公正であれ，判決への満足度にほとんど差異はない。しかし敗訴した者は，手続きが公正とみなすことのできた場合のほうが，判決への満足度が高くなった。裁判という場で権威者による決定の結果そのものが，その決定に対する人々の満足度を左右することはもちろんだが，決定の手続きが公正であったかもまた，権威者による決定への人々の満足度を左右する要因になりえる。資源分配における人々の公正性の認知には分配結果そのもののほかに，分配の決定に至る経緯や手続きのあり方も，影響を及ぼすのである（Lind & Tyler, 1988）。

　手続き的公正が重要になるのは，職場や裁判など個人的な利害に関わる場面ばかりではない。行政による公共事業や福祉制度の取り決めといった，不特定多数の人々に影響を及ぼす公的な決定への評価にも，手続き的公正が関わっている。スミスとタイラー（Smith & Tyler, 1996）によれば，米国政府が実施する差別是正措置（affirmative action）に対しても，政府がそれをどのように決定したかという手続きにおける公正性の認知の高まりが，人々にこの政策を肯

定的に受け入れる傾向を促した。

　人々が分配結果や分配手続きの公正性に関心をもつのは，公正な規範に従うことで自分自身が利益を得られるからだ，という（Thibaut & Walker, 1978）。つまり，人々はお互いの個人利益を最大にしたいという動機から，公正な規範を作ろうとする。しかし，自分自身にとっての直接的な利益には結びつきにくい公的決定の過程においてまで，人々が公正を重視するのはなぜだろうか。これについてリンドら（Lind & Tyler, 1988；Tyler & Lind, 1992）の集団価値モデルは，社会的アイデンティティ理論をもとに次のように主張する。人々は自分や自分の属する集団が権威者から敬意をもって扱われ，権威者との間に良好な関係を築いていることを確認する情報の1つとして，権威者による決定手続きの公正性に注意を払う。社会的アイデンティティ理論によれば，人々は自分の所属する集団への評価を，自分自身の自己概念の一部として取り入れる。したがって，自らの肯定的な自己概念を維持するために，人々は所属集団を肯定的に評価しようとする（第9章参照）。このため人々は，自分自身のみならず，自分の属する集団が権威者から尊重されていることの確認を求めて，資源の分配結果や分配手続きの公正性を求めるというのである。

　権威者による手続きの公正性を規定する重要な要因として，権威者に対する人々の発言機会（voice）があげられる（Thibaut & Walker, 1975）。たとえば職場では，上司に対して自分の業務の好みを発言する機会を与えられた部下のほうが業務への満足度が高い（Earley & Lind, 1987），裁判でも自己の意見を述べる機会があったほうが判決を妥当とみなす傾向が高い（Lind et al., 1990）といった検証結果が得られている。あるいは，先述のスミスとタイラー（1996）のように，自分自身の利益に直接関わる決定でなくとも，決定経緯の中で人々が自分の意見を直接ないし間接的に権威者へ伝える機会が保障されることで，その決定に対する人々の受容が高まるという。

　シボーとウォーカー（1975）が述べるように，私的な利益に直接関わる場面では，人々は自分の私的利益に配慮してくれる決定手続きを求め，そのため自分たちの発言を尊重してくれる手続きを公正とみなす。しかし，私的利益に直接関わりのない公共政策の決定場面でも，人々は発言機会とそれによる手続き的公正の保障を求める。人々は何も，自己の利益につながる手続きのみを公正

とみなすわけではなさそうである。スミスとタイラー（1996）は公共政策の決定に対して私的利益の獲得からではなく，別の視点からその決定過程の公正性を判断しようとするアクターも存在することを示唆している。

8-2-3 「正当性」の社会心理学：制度的正当性と認知的正当性

　ある権威者が資源の分配や管理を決定しようとするとき，そうした分配や管理を行う権利を人々がそもそもその権威者に承認するかどうかは，決定そのものに対する人々の受容を大きく左右するだろう。人々が権威者に従うのは，その権威者によるサンクションへの恐れ（「権威に逆らったら罰せられる」）からではなく，権威が正当なものと認知できることによる（Tyler, 2006）。権威者の正当性に対する人々の認知は，その権威者による決定の受容や，ひいては権威の安定性に関わる重要な要因である。人々は，資源分配を決定する権威者の正当性を，何を根拠として承認するのだろうか。

　ドーンブッシュとスコット（Dornbush & Scott, 1975）は，権威の正当性に対する人々の認知を，その権威が好ましいか望ましいかといった個人的な判断である適否性（propriety）と，そうした個人的な判断とは別に，権威には従うべきであるという義務感からなる合法性（validity）に分類した。後者の合法性は，他者の視点に対する予測によって増大するという。つまり，他の人々が権威に従っていると考えられるとき，個人は自分自身もその権威に合法性を認め，支持するのである。ゼルディッチとウォーカーら（Zelditch & Walker, 1984；Walker & Zelditch, 1993；Walker et al., 1988）も，権威の正当性は人々がその権威に従うかどうかを相互に予測し合うことによって成立すると述べる。

　「みんなが従うから」という人々の集合的な判断が，権威者の正当性を高める要因の1つであることは確かだろう。こうした集合的な判断の成立を促す基盤として，たとえば規範や制度の存在が考えられる。法規的あるいは制度的に「権威には従うもの」と定められていれば，人々の態度や行動は自動的にそれに規定され，誰しもが権威者に従っていると人々は信じるようになり，したがって自分自身も従うべきであるとの義務感も発生する。ドーンブッシュとスコット（1975）が述べた権威の正当性に対する人々の上記2つの認知のうち，合法性とは文字どおり，規範や制度をもとに成り立つ制度的な正当性であるといえ

る。

では,権威の望ましさに対する人々の個人的な判断である適否性は,何を基盤として成り立つのだろう。先に述べた手続き的公正(Thibaut & Walker, 1975;Lind & Tyler, 1988;Tyler, 2006)は,そうした基盤の1つになりえるのではないだろうか。手続き的公正を担保する重要な要因として発言機会の保障があったことは先述のとおりだが,人々にとって自分たちが権威者に対して発言できる機会の保障は,自分自身や自分の属する集団が権威者から丁重に扱われているとの確認を行う材料となる。つまり発言機会の保障によって人々は,権威者から自分たちへの敬意を確認し,そうした保障を自発的に——制度的に定められた手続きとしてではなく——与えてくれる権威者を望ましく思い,適否性の評価を向上させるだろう。さらに,権威の望ましさを向上させるもう1つの要因として,信頼をあげることもできる。人々は,有能かつ誠実な権威者に対して,自分たちの期待を裏切ることはしないだろうという信頼を抱き,そのような権威者を望ましく評価するに違いない。

ファンデンボスら(Van den Bos et al., 1998)は,奨学金の決定という場面を設定した実験で,権威者に対する発言機会と信頼との交互作用を明らかにした。権威者への信頼が高い場合,人々は自己の発言機会の有無に関係なく,その権威者による決定へ一様に高い満足を示す。反対に,権威者への信頼が低け

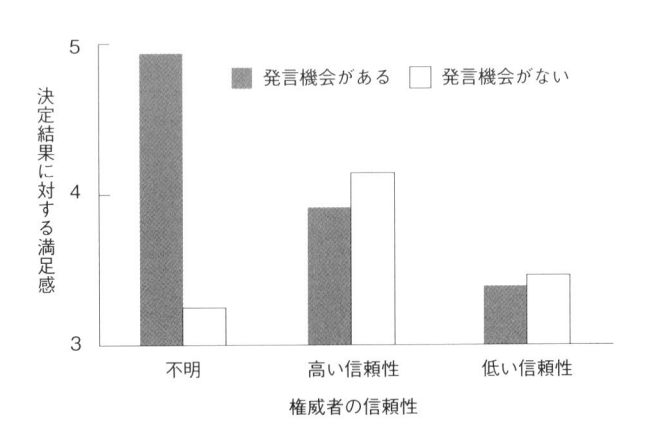

図8-3 権威者の信頼性と発言機会の有無による決定結果への満足感
(Van den Bos et al., 1998 より作成)

れば，その決定に対する満足は一様に低い。しかし権威者が信頼できるか否かがはっきりしない場合には，発言機会の有無が，決定への満足感を左右した。

ファンデンボスらの実験は，権威者による決定結果の受容が，その権威者に対する人々の信頼と手続き的公正によって影響されることを明らかにしたものである。しかし同時にこの実験結果からは，資源分配を受ける一人ひとりが権威者の正当性を判断する際に，発言機会の有無や権威者への信頼をそれぞれ認知的な材料として採用している可能性も示唆される。発言機会の保障をとおした権威者からの敬意の確認や信頼は，法規的あるいは制度的にきっちり定められて成立するものではないが，権威者に対する人々の判断を動かす要因となっているのである。信頼などが規定する権威者の適否性は，規範や制度による基盤のない，いわば認知的な正当性であるといえる。

ここまで述べてきた権威者の正当性とは，あるアクターが資源を分配する権利について，人々が何らかの理由や根拠から認める承認可能性への評価である（野波ら，2009；野波・加藤，2011）。資源分配の権利を誰に認めるかの判断が人々の間で一致しなければ，資源分配そのものがなされない。どんな根拠に基づく権利によって誰が資源分配を行うのかという正当性も，資源分配に関する人々の合意形成を左右する要因の1つとして考えておかなければならない。

8-3　仮想世界ゲームでの資源分配をめぐる公正性と正当性

8-3-1　「農園」：ゲームにおける最も重要な資源

資源の管理と分配における公正性と正当性の問題を，仮想世界ゲームの中で概観してみよう。ここでは，仮想世界ゲームのプレイヤーがゲーム開始直後から利用することを迫られ，利用の頻度もゲームの最初から最後まで多い資源——その意味で，プレイヤーにとってはゲームにおける最も重要な資源ともいえる「農園」に焦点を当てる。

仮想世界ゲームにおけるすべてのプレイヤーは，ゲーム世界で生きていくために，セッションごとに食糧チケットを手に入れなければならない。この食糧チケットを生み出すのが農園である。仮想世界ゲームのオリジナルのルールでは，農園は豊かな地域にのみ設置され，豊かな地域のメンバーから「農園主」

が任命される。農園主にはゲーム開始時に，ゲーム進行者から一定の枚数で7年分（7セッション分）の食糧チケットが無料配布される（第1章参照）。農園主に任命された豊かな地域のメンバーは，配布された食糧チケットを，自分が所属する豊かな地域の人々を中心に配分したり，他の地域の人々に売ったりできる。農園主へ渡される食糧チケットは増えることはないが減ることも決してない，農園主をはじめプレイヤーが努力してもしなくても，いわば天から降ってくるように，毎年決まった量が自動的に手に入る。

　以上のルールからいえば農園は，農園主を含む豊かな地域の私有財であり，貧しい地域の人々を含むすべてのプレイヤーが利用あるいは管理に関与できる共有資源としての側面は薄い。また，天から降ってくるごとく食糧チケットが自動的に手に入るのだから，適正利用や管理といった概念そのものが農園には介在しない。プレイヤーが——とくに豊かな地域のメンバーが——ノーコストかつフリーアクセスで利用できる無尽蔵の私有財，それがオリジナルのルールに基づく農園であった。

　しかしそうはいっても，貧しい地域の人々だって食糧チケットを入手しなければ生きられない。「農園は豊かな地域のモノだから」とあきらめて手をこまねいているわけにはいかず，自分たちにも食糧チケットを利用できる権利があるはずだと考える。豊かな地域と貧しい地域という2種の集団の間で，農園（食糧チケット）の利用と管理をめぐる公正性と正当性の判断には，どのような差異が現れるだろうか。

8-3-2　農園のルール改変：無尽蔵の資源から有限の持続的資源へ

　豊かな地域と貧しい地域との間で，農園の利用と管理をめぐる公正性と正当性の判断に生じる差異を検討するため，農園の設定ルールを以下のように改変した。

❶これまで無尽の資源となっていた農園を，セッションごとの食糧チケットの利用量次第で枯渇してしまう可能性もある有限の持続的資源とした。
❷ゲーム進行者から農園主へ無料配布する形になっていた食糧チケットを，プレイヤーが自ら管理するようにした。

❶と❷のルール改変によってプレイヤーが自分で管理する有限の持続的資源となった農園を，ゲームの中で私有財あるいはコモンズとして位置づけるため，さらに次のルール改変を加えた。

❸私有財とする条件（私有財条件）：農園はこれまでどおり豊かな地域に設置し，農園主も豊かな地域のメンバーから任命。農園を所有するのが豊かな地域であることを，ルールに追記する。

❹コモンズとする条件（コモンズ条件）：農園は豊かな地域に設置し，農園主も豊かな地域のメンバーから任命するが，ルールに農園の所有権は明記されない。農園主の上に「農園管理者」を設定し，農園主による食糧チケットの利用や管理には，農園管理者の許諾が必要であるとした。農園管理者は，豊かな地域・貧しい地域を含むすべてのプレイヤーから立候補者を募り，全員による選挙で決定される。

上記❸のルールに基づく私有財条件では，農園は豊かな地域の私有財となり，貧しい地域には農園の利用と管理（食糧チケットの利用量や分配の決定など）に関わる権利が与えられない。一方，❹のコモンズ条件では，豊かな地域だけでなく貧しい地域にも，農園の利用と管理に関与する権利が保障される。前者の条件における食糧チケットは，いわば特定の国から供給される私有財なのだが，後者の条件では世界全体が共有する資源となるのである。

8-3-3 　私有財ないしコモンズとしての農園

農園が豊かな地域の私有財であれ世界全体のコモンズであれ，プレイヤーにとって重要な食糧チケットの供給源であることは変わらない。しかし，どちらの資源と位置づけられるかによって，農園の利用と管理のあり方をめぐる公正性や正当性に対するプレイヤーの認知に，何らかの変化が見られるはずである。このことを，いくつかの仮説に基づいて見てみよう。

❶農園の利用・管理をめぐる手続き的公正

シボーとウォーカー（1975）が述べるように，人々が自分の利益に関わる決

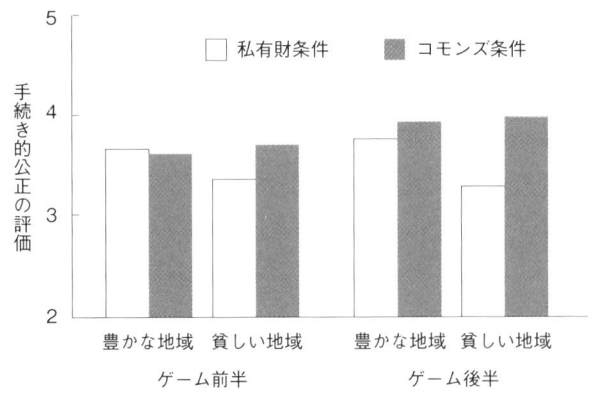

図 8-4　農園の利用・管理を決める手続きの公正性
得点は1～5，5に近いほど「公正」

定を受け入れるには，自分たちに発言機会が与えられるかどうかが関与していた。さて，農園が豊かな地域の私有財となる条件では，農園の利用と管理に，貧しい地域のメンバーは関与できない。つまり，発言機会が与えられない。これに対してコモンズ条件では，農園管理者やその選挙を通して，貧しい地域のメンバーにも農園の管理に参画する機会が与えられる。したがって貧しい地域のメンバーは，農園の利用や管理のあり方を決める手続きを，私有財条件よりもコモンズ条件において公正とみなす傾向が高いと考えられる。

図 8-4 は，「農園の管理や利用について，全体として公正な手続きで話し合いがもたれている」および「農園の管理や利用について決める手続きは，全体としてこれでよいと評価できる」という2項目で，農園の利用・管理に関わる手続き的公正の評価を尋ねた結果である。測定はゲーム前半（第3セッション終了時）と後半（第6セッション終了時）の質問紙で行った。

私有財条件よりもコモンズ条件において手続き的公正の認知が高くなることは，豊かな地域でも貧しい地域でも変わらずほぼ一貫している。ただし，コモンズ条件における手続き的公正が私有財条件よりも高くなる傾向は，相対的に見れば豊かな地域よりも貧しい地域において顕著に見られた。豊かな地域に設置された農園の管理に貧しい地域が参画する共同管理の手続きは，貧しい地域の発言機会を保障するものであり，そのような手続きは，自らは農園をもたない貧しい地域のほうが，公正とみなすようである。

❷農園の利用・管理をめぐる正当性

　農園の利用権や管理権の正当性を基盤づける根拠として，所有という担保は大きな役割を果たすはずである。「農園は豊かな地域のもの」とルール上で定められた私有財条件では，所有者としての豊かな地域へ，利用権や管理権がいわば制度的に保証されている。逆に貧しい地域は所有者でないとされるのだから，彼らの利用権や管理権には制度的な担保が乏しい。したがって，豊かな地域のメンバーは自分たちの権利の正当性に対する承認が高く，貧しい地域では低いと予測できる。これに対してコモンズ条件では，豊かな地域・貧しい地域いずれにも，農園の管理に参画できる権利がルール上で（制度的に）保証されている。したがってコモンズ条件では，貧しい地域のメンバーも自分たちの正当性を高く承認するだろう。

　図8-5は，「私たちの集団には，その農園が長く使えるよう，ほかの集団の行動を統制できる権利があるはずだ」および「私たちの集団は，その農園の食糧を優先的に手に入れる正当な権利をもっているはずだ」という2項目で，農園の利用と管理に関する自分たち（内集団）の正当性の評価を測定した結果である。豊かな地域と貧しい地域の間には，自分たちの権利の正当性について明確な違いが現れた。私有財条件における豊かな地域の人々は，とくにゲーム後半で，自分たちの正当性を承認する傾向が高いが，逆に劣位集団のメンバーは，コモンズ条件において自分たちの正当性を認める傾向にあった。農園の利用と

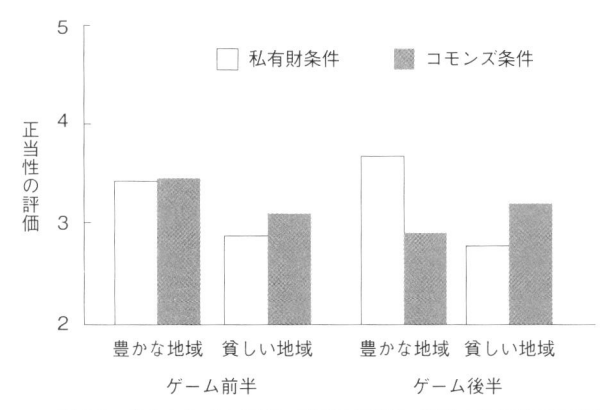

図8-5　自分たち（内集団）が農園を利用・管理する権利の正当性
得点は1～5．5に近いほど「権利がある」

8 資源分配における公正性と正当性

```
農園の共同管理に対する評価
```
(縦軸: 2〜5)

凡例: □ 私有財条件　■ コモンズ条件

ゲーム前半：豊かな地域／貧しい地域
ゲーム後半：豊かな地域／貧しい地域

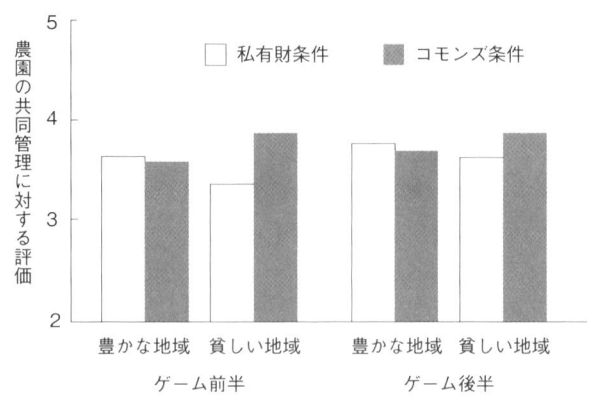

図8-6 利用する人々がみんなで管理するのが正しいという共同管理への評価
得点は1〜5, 5に近いほど「正しい」

管理に関する豊かな地域と貧しい地域の正当性は，所有という制度的な担保の有無によって変化したわけである。

では，豊かな地域と貧しい地域の人々はおのおの，農園を利用・管理する正当な権利をもつのは誰であると考えたのだろうか。これについて，「農園を利用している人々が，みんなで利用者の規制などを決めて，管理するのが正しい」という項目で，図8-6のような結果が得られた。

農園が設置されている豊かな地域では，その農園が私有財であれコモンズであれ，「利用者がみんなで管理すべき」と評価する傾向が一貫して認められる。豊かな地域の人々といえども，農園をコモンズとした条件でならば，「みんなで管理すべき」との認知を行うのは当然であろう。しかし彼らは，農園が自分たちの所有物とされる私有財条件においてもなお，自分たちだけでなく，貧しい地域にも農園の利用権や管理権を承認する共同管理が望ましいと考える傾向を示したのである。貧しい地域ではどうかというと，「みんなで管理するのが正しい」との評価はコモンズ条件でとくに高く，私有財条件では低下した。貧しい地域の人々は，農園の利用・管理について豊かな地域と対等な権利が保障されるコモンズ条件の制度的構造を望ましいものと捉え，「正しい」と高く評価したのだろう。

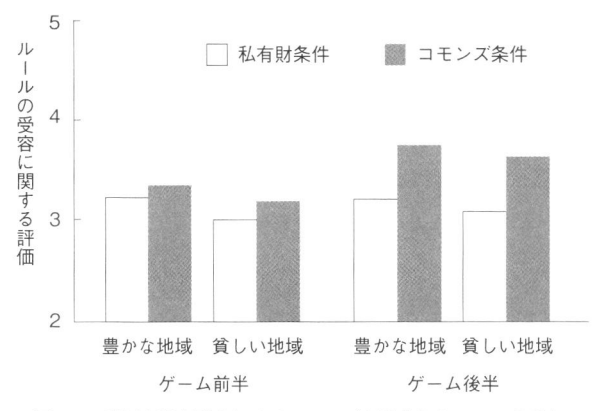

図8-7 農園を私有財もしくはコモンズと設定したルールの受容
得点は1〜5, 5に近いほど「受容」

❸ 農園の利用・管理を定めるルールの受容

　農園の利用と管理をめぐっては，所有という制度的な担保の有無が利用権・管理権の正当性の承認に介在していたものの，豊かな地域・貧しい地域ともに私有財条件よりもコモンズ条件において手続き的公正の認知が高く，2種の地域のいずれのメンバーも，共同で農園を管理する共同管理を望ましく評価していることが示された。ではそもそもプレイヤーたちは，農園の私有と共有というういずれのルールを，より肯定的に受け入れていたのだろうか。

　図8-7は，「農園の管理や利用に関する現在のゲームのルールについて，私としては納得できる」「私は，このゲームで定められた農園の管理・利用に関するルールを，満足して受け入れることができる」という2項目で，農園を私有財ないしコモンズと設定したルールに対するプレイヤーの受容を測定した結果である。ここからは，農園を私有財と設定するルールより，コモンズと設定したルールのほうが，豊かな地域と貧しい地域いずれでも一貫して受容されていることがわかる。

　先の図8-5が示すように，農園が私有財なのかコモンズなのかによって，農園を利用・管理する権利が誰にあるかという正当性の評価には，豊かな地域と貧しい地域との間に食い違いが現れた。しかしその反面，農園の利用・管理に関する手続き的公正（図8-4）と，望ましい管理のあり方の評価（図8-6）は，いずれも豊かな地域と貧しい地域がともに私有財条件よりもコモンズ条件を高

く評価する形で一致している．プレイヤーたちは，農園の利用・管理について，ゲームのルールで定められた権利の所在とは別に，豊かな地域と貧しい地域が共同で管理する方法が望ましいと判断したのである．豊かな地域・貧しい地域がいずれも等しく農園の利用・管理に関わることのできる手続きが公正であると判断されたために，農園を私有財とするルールよりも，すべての地域共有のコモンズとするルールのほうが，より受容されやすかったのではないだろうか（図8-7）．農園を世界共有のコモンズとした条件では，食糧チケットという資源の分配をめぐって，本来は利害の対立しやすい豊かな地域と貧しい地域の間に，ともに資源の共同管理を目指す動きが生まれたと推測できる．

8-4 まとめ

　コモンズのように，多様な人々にとっての共有の資源をどのように分配するかという問題には，分配結果そのものの公正性と分配の手続き的公正性，そして誰が分配するのかという正当性が関わっている．利害や立場の異なる集団の間では，どのような分配結果を公正と見るかの視点も異なる可能性がある．手続き的公正に関してはたとえば発言機会の有無が重要だが，人々は自己の個人利益のみから発言機会の保障を求めるわけではなく，自己の利害には直接関わらない公的決定においても手続きの公正性を重視する．そして，分配を行う者の権利を，制度的あるいは認知的な根拠のいずれから認めるかという正当性も，分配結果に対する人々の受容を左右する．

　仮想世界ゲームにおける農園を私有財ないしコモンズとした条件間で比較検証を行った結果，豊かな地域と貧しい地域はともに，農園を共同で利用・管理するコモンズ条件のルールのほうが望ましいと判断していた．豊かな地域の人々は，自分たちが農園を所有するよりも，その利用や管理を貧しい地域の人々と共同で進めることを望み，2つの地域の間に資源の共同管理を目指す動きが見られた．

9 「私」と「私たち」アイデンティティ
：集団を意識するとき何が起きるのか

9-1 「私」から「私たち」へ：仮想世界ゲームの中での変化

　仮想世界ゲームがスタートするとき，私たちは最初右往左往して，何から始めればよいのかわからない。どうやって食糧を入手するのか。どうやって職を確保するのか。そうした問題に対して，まず私たちは「自分で何とかしなければ」と考える。とりあえず，わけもわからないけど他の地域に旅行に出かけてみたりする。けれど，ゲームが進行するにつれて，同じ地域の仲間たちも自分と同じ状況に置かれていることに気づく。そして，地域の中で机を囲んで相談しているうちに，「『私たち』はどうすればよいのか」，という議論になってゆく。旅行の費用が高い場合には毎回個人で旅行していると資産が少なくなってしまうので，地域の代表者の人に他の地域に食糧や就職の交渉に行ってもらうという所も出てくる。ゲーム中盤では，地域全体で資産を管理したり，行動方針を決めたりする地域も出てくる。

　貧しい地域の人が豊かな地域にやってきたときの交渉の様子を見てみよう。豊かな地域の企業の人は「じゃあそちらは給料みんな5Sでいい？」など，一人ひとり個別に給料を設定するのでなく，地域単位で給料を決める場合が多い。貧しい地域の人も「いや，5Sでは安いから全員7Sにして」など，地域単位で交渉する。「私」ではなく「私たち」全員が運命を共有することが当たり前になってゆく。

　後半では，環境リスクが悪化し，環境問題が起こる。それは，地域単位の問題ではなく，初めて世界全体で共通した危機として認識される。それに対する

対処も，1つの地域だけではなくて全地域が共同で力を合わせて解決にあたることが求められる。そのときに，「初めて『地域』という枠組みではなく，『世界全体』という枠組みを認識した」という参加者も少なくないだろう。それまで全員でゲームに参加していても，全員を1つの「カテゴリー」としては認識していなかった，ということになる。「私たち」の中身が，地域から世界全体へ変わった，ということでもある。

このように，最初「私」はどうしよう，から始まったのが，○○地域の「私たち」の利益を考えるようになり，最後は世界全体という「私たち」を意識するようになる。これは，ゲームの進行に伴ってアイデンティティが変化していることを表している。私たちは日常生活でもこのように「私」や「私たち」というアイデンティティをもっている。仮想世界ゲームは，そのアイデンティティがセッションの進行と共に変化していく様子をつぶさに観察できる，格好のツールなのである。

9-2 「私たち」アイデンティティはどこから来るのか

9-2-1 社会的アイデンティティ理論

このような「私」と「私たち」というアイデンティティは，どうして生まれるのだろうか。そして，どうして「私たち」とは違う集団というだけで，違う態度をとってしまうのだろうか。

「私たち」アイデンティティをもつのは，仮想世界ゲームの中だけではない。ふだんでも，私たちは初めて会う人に自己紹介するとき，「私は○○大学の学生です。サークルはオーケストラ部です」などのように，所属する集団を用いて説明することが多いのではないだろうか。また，自分と同じ大学の学生が表彰されたと聞くとうれしくなったり，誰かが自分の大学の悪口を言っているのを聞くと，腹が立ったりする。このように，どの集団に所属しているかということは，私たちにとって大きな意味をもっている。

タジフェルは，どの集団に所属するかということは，私たちの「自己概念」の一部を形成していると提唱した（Tajfel, 1978）。自己概念とは，自分自身をどのように認識しているか，という認知のことである。タジフェルの提唱し

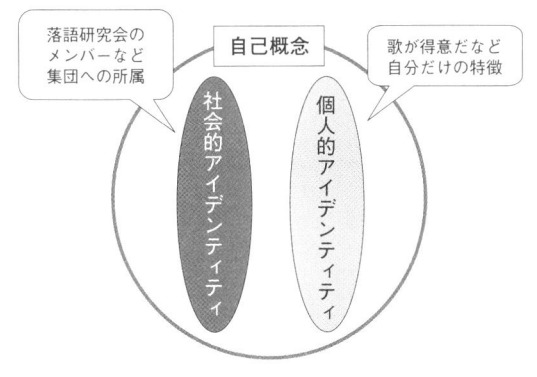

図9-1 自己概念の図

（図中のテキスト：自己概念／社会的アイデンティティ／個人的アイデンティティ／落語研究会のメンバーなど集団への所属／歌が得意など自分だけの特徴）

た社会的アイデンティティ理論（Tajfel, 1981；Tajfel, 1978；Tajfel & Turner, 1979）では，自己概念は「個人的アイデンティティ」と「社会的アイデンティティ」の2つのアイデンティティによって構成されるとする。「個人的アイデンティティ」とは，他者とは異なる独自な自分，としてのアイデンティティであり，「自分は歌が得意だ」「自分は目が大きい」などがそれにあたる。一方，「社会的アイデンティティ」とは集団への所属によるアイデンティティであり，「自分は日本人だ」「自分は落語研究会のメンバーだ」などがそれにあたる。

この社会的アイデンティティ理論によると，どの集団に所属するか，ということは社会的アイデンティティとして，自己概念の一部を形成していることになる。「どの集団に所属しているか」ということは「自分が何者か」というイメージと大きく関わっているということである。

さらにこのことは，どうして内集団びいきが起こるのか，ということとも関わっている。「人はポジティブな自己概念をもちたがる」ということは，社会心理学の根本的仮定の1つである。どういう集団に所属しているか，という社会的アイデンティティも自己概念を構成しているので，ポジティブな社会的アイデンティティをもつことはポジティブな自己概念をもつことにつながる。内集団が高く評価されれば，自分もそれで自己概念を高めることができるわけである。

9-2-2　集団の「カテゴリー」が内集団びいきの必要十分条件

この社会的アイデンティティ理論は，最初「最小集団状況（minimal group

paradigm)」と呼ばれる一連の実験によって確認された（Tajfel et al., 1971）。

最小集団状況の実験では，参加者は実験室に通されるとまずクレーとカンディンスキーの抽象画を並べて見せられ，どちらが好きかを評定した[1]。それに基づいて参加者は「クレー集団」「カンディンスキー集団」のどちらかに分けられたが，誰がどちらの集団に所属するかは一切知らされず，自分の所属する集団のみが知らされた。また，「黒点数え」と呼ばれる方法では，参加者はスクリーンに映された黒点の数を推測し，それが実際より多かったか少なかったかでグループ分けされた。それらはすべて，無意味な基準で集団を作るために考えられた方法だった。

参加者は，次に「報酬分配マトリクス」を渡され，2つの集団のメンバーに報酬を分配するよう求められた。報酬分配マトリクスでは13の数字の対が示され，上段は匿名の内集団のメンバーへの報酬，下段は匿名の外集団のメンバーへの報酬であった。表9-1を見てもらうと，たとえば一番右を選べば，19点が内集団のメンバーへの報酬，25点が外集団のメンバーへの報酬となる。表9-1の場合，一番左を選ぶと内集団と外集団の格差が最大で内集団の方が多くなり，中央では平等，一番右では内集団と外集団の合計利得が最大だが，外集団の方が多くなるようになっている。このようなマトリクスがいくつか用意されていて，参加者の分配動機が測定できるようになっていた。

実験の結果，参加者らは一貫して内集団びいきの傾向，つまり外集団よりも

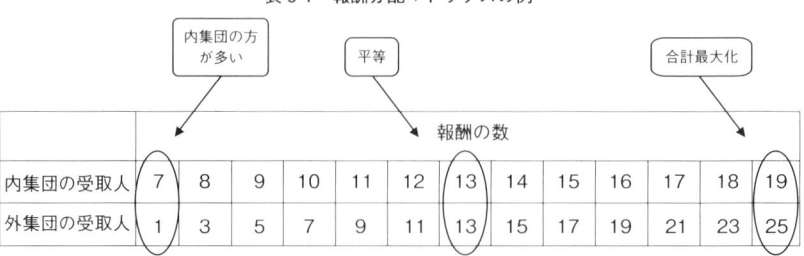

表9-1　報酬分配マトリクスの例

	内集団の方が多い					平等					合計最大化
	↓					↓					↓

報酬の数

内集団の受取人	7	8	9	10	11	12	13	14	15	16	17	18	19
外集団の受取人	1	3	5	7	9	11	13	15	17	19	21	23	25

各ページごとに参加者は上下一対の数字を選択し，それが内集団・外集団の受け手の報酬となる（Tajfel et al., 1971）

---

[1] クレーとカンディンスキーの抽象画は一見よく似ているように見える。絵画好きな人にとっては似て非なるものであり，そんなことを言うのは侮辱であるそうだが……。

内集団のメンバーに多くの報酬を分配する傾向を示した。また，内集団の利益を最大化する選択よりも，集団間の差を最大化する選択が好まれた（Turner, 1978；Turner et al., 1979）。表9-1でいうと，中央よりも少し左よりが好まれたことになる。

最小集団状況では，現実の人間関係や性格，所属などと何の関係もない無意味な基準で2つの集団に分けられた。それにもかかわらず，参加者は自分の所属する集団をひいきする傾向を示したわけである。タジフェルらは，この実験結果を基に，内集団びいきの必要最小条件は「集団への所属」そのものである，と結論づけた。

集団のカテゴリーを意識させることが内集団びいきに結びつく，ということは数多くの実験で確認されている。たとえば，ラビーとホーウィッツ（Rabbie & Horwitz, 1969）の実験では，子どもたちが「グリーン」または「ブルー」と名づけられた集団のどちらかにランダムに割り振られた。どちらかの集団に報酬が与えられ，それを1つのくじで決めるという共通運命を意識させる操作を行ったところ，内集団の子どもたちを外集団の子どもたちよりも好意的に評価する，という傾向が見られた。

9-2-3 「カテゴリー」の機能

タジフェルらの最小集団状況を用いた実験では，単にカテゴリーを意識させることが，内集団びいきを起こすのに十分であることが示された。では，なぜカテゴリーはそのような働きをもっているのだろうか。カテゴリーとは，人間にとっていったいどのような機能を果たしているのだろうか。

人間にとって社会的カテゴリーの有用性は，複雑な世界を簡潔で理解しやすくしてくれることである。世界を無数の人間の集合体として捉えると，理解する対象は無限であり，認知容量がパンクしてしまう。あるカテゴリーに含まれる人が一定の特徴をもっていると仮定すれば，すべての人についていちいち判断する必要がなくなる。たとえば，知らない土地に出かけて道に迷ったとき，誰に道を聞くべきか，誰が道を知っていそうかいちいち判断するのは大変であるが，紺の制服を着て立っている人，つまり「おまわりさん」に尋ねればよい，ということさえわかっていればことは簡単である。

そして、社会的カテゴリーがこのような機能をもつためには、カテゴリー間の差異がはっきりしていて、カテゴリーに含まれる者とそうでない者が区別できることが必要である。そのためにカテゴリー化は、カテゴリー間の区別を明確にする方向に認知を歪ませる。

その例として、8つのさまざまな長さの人型の刺激を「スウェーデン人」と「日本人」として被験者に提示し、その長さを推定させる。「スウェーデン人」は背の高い人が多いが、「日本人」は背の低い人が多いという期待を人々はもっている。そこで、このグループ間の線分の長さの差は、実際よりも大きく認知されやすい（Hogg & Abrams, 1988）。

このように、人々は社会的カテゴリーに含まれる人や事物についてある種の期待をもっており、それがステレオタイプとして知られる現象である。たとえば、明日会う予定の人がアメリカ人だと聞くと、きっと背が高くてフレンドリーな人ではないかと想像したりする。初対面の人でも、出身地や出身大学を聞いただけで何となくその人のことがわかったような気になったりする。

ステレオタイプにはポジティブ、ネガティブなもの両方が含まれる。たとえば「女性は繊細で神経が細やかだ」というようなポジティブなステレオタイプであれば問題ない、と思えるかもしれない。しかし、ステレオタイプの特徴は「全体の傾向としては真実でも、すべての個人に対して過度に一般化する」ということである。女性でも、中には荒っぽいことが好きな人がいるかもしれない。

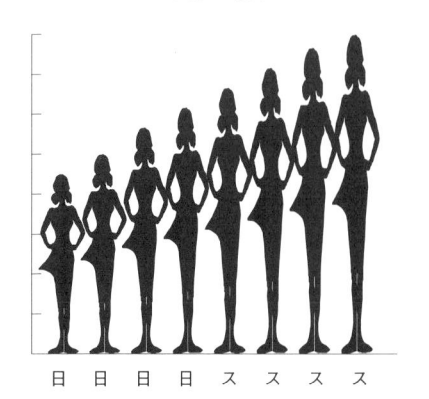

実際の身長　　　　　　　　　知覚された身長

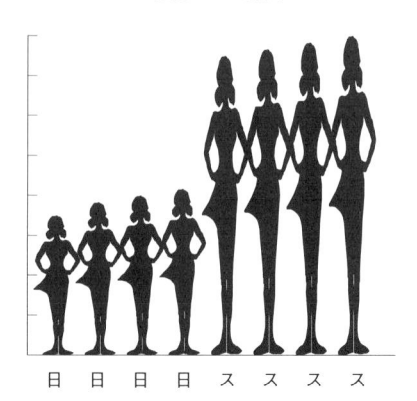

日　日　日　日　ス　ス　ス　ス　　　日　日　日　日　ス　ス　ス　ス

図9-2　カテゴリー化による知覚的強調（Hogg & Abrams, 1988 を参考に作成）

しかし，そういう人にも「女性は細やか」というステレオタイプを当てはめてしまう。そして，荒っぽい仕事から遠ざけてしまうかもしれない。

さらに，ステレオタイプに「良い-悪い」「好き-嫌い」などの感情的価値が負荷されると，「偏見」となる。たとえば「女性は感情的ですぐに泣く」などである。

こうしたステレオタイプ化は外集団についてのみ起こるのではなく，自分についても起こりうる。このことを自己ステレオタイプ化と呼ぶ。自分を「○○集団の一員」と意識すると，集団のステレオタイプに合致した行動を取ってしまう。ターナーらは，社会的アイデンティティ理論を発展させた自己カテゴリー化理論を提唱した（Turner, 1985；Turner et al., 1987）。

自己カテゴリー化理論では，個人的アイデンティティと社会的アイデンティティという二分法ではなく，他の誰とも異なる独自の自己から，さまざまなレベルの集団に含まれる自己，そして生物という大きなカテゴリーに含まれる自己としての抽象レベルまで連続的な自己概念を想定する。そしてある集団の一員であるという意識（集団への同一化）が高まると脱個人化が起こり，「独自な自己から，ある社会的カテゴリーの一員として他のメンバーと交換可能な自己概念へのシフト」が起こると考える。

この脱個人化のプロセスにより，内集団のステレオタイプに合った行動様式に自分の行動も変化するという，自己ステレオタイプ化が起こる。たとえば，理系の学生に「科学の研究者」というカテゴリーを意識させた場合，「学生」というカテゴリーを意識させた場合に比べて，新しい科学技術推進に対する賛成意見は増加するだろう。

自己カテゴリー化理論では，脱個人化が起こると，自己を集団内の他のメンバーと類似した，他と識別されない一個人として認識すると想定する。一方，人には，他人とは違う独自の自分を主張したいという欲求もあるのではないだろうか。

ブリューワー（Brewer, 1991）は，人には他者と同じでいたい，集団に包まれていたい，という欲求と，他者と違った独自の自分でいたいという欲求があると考えた。ブリューワーの最適弁別性モデル（図9-3）では，この2つの欲求がダイナミックな緊張関係にあると想定した。たとえば学校の体育会系部活の

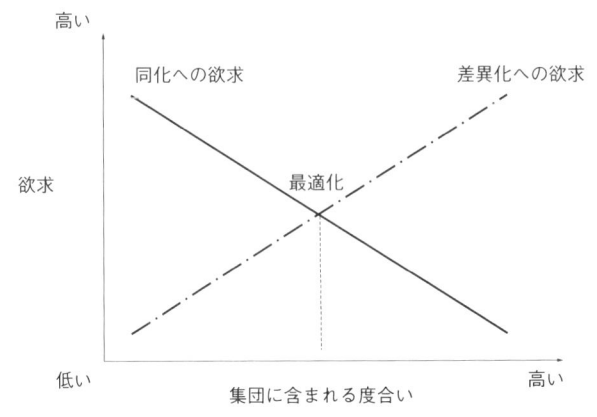

図9-3 **最適弁別性モデル**（Brewer, 1991 より作成）

ような規範が強い緊密な集団の中では独自な自分への欲求（差異化への欲求）が強くなり，まったく見知らぬ他人の中に1人だけの状態のときには集団に包まれたいという欲求（同化への欲求）が強くなる。そしてこの2つの欲求が合致するところで均衡状態となり，最適化される。

ファッションでいえば，私たちは「今年の流行カラーは紫」と聞くと，流行に遅れてはいけないと紫の服を買いに行ったり（同化），一方で人と違ったところもほしいと自分だけの独自のスカーフの巻き方を工夫してみたりする（差異化）。そこにも，この最適弁別性モデルの2つの欲求が表れているともいえる。

このように，社会的カテゴリーというのは，さまざまな場面で私たちの認知の基本となっている。前節で紹介した最小集団状況の実験に戻って考えてみよう。最小集団状況は他のメンバーのことをまったく知らされないので，一見内集団びいきが起こりにくい状況のように見えるが，実は内集団びいきが起こりやすい状況であるとも考えられる。それは，集団カテゴリーに関する情報はまったく与えられておらず，内集団びいきを行う以外に集団カテゴリーを明確化する方法はなかったからである（Abrams & Hogg, 1988）。それでは，集団内でメンバー間の相互作用がある状況ではどうなのだろうか。集団カテゴリーの意識がどのような場面で生まれ，どのような効果が生じるのか，仮想世界ゲームでの展開を見てみよう。

9-3 仮想世界ゲームの中のアイデンティティ

仮想世界ゲームの特徴は，最小集団状況の実験とは異なり，他者との相互作用があること，そして，それぞれのフェーズでは異なった出来事があり，アイデンティティの推移を観察することができることである。この節では，仮想世界ゲームを用いた研究の成果を紹介する。

9-3-1 帰属意識の指標

仮想世界ゲームの中の地域に対する「私たち」意識は，地域という集団に対する社会的アイデンティティであり，これを「地域への帰属意識」と呼ぶことにする。地域への帰属意識の測定は，主に次のような項目で測定された。

- 自分の地域に愛着を感じる
- この地域の一員であってよかったと思う
- 自分の地域に一体感をもつことができる

集団への帰属意識には，その集団カテゴリーへの所属の意識によって生じる部分と，集団メンバーの魅力によって生じる部分があると考えられる。集団カテゴリーの意識の中でも，さらに認知的な成分と感情的な成分に分けられるが，上の項目は，集団カテゴリーへの所属に対する帰属意識，その中でも感情的な成分を測定している。

9-3-2 貧しい地域のアイデンティティ獲得

ゲーム開始の時に，自分が豊かな地域に配属されたことを知った参加者は「ラッキー」と喜び，貧しい地域になった参加者は「どうやって生きていこう」と悩む。豊かな地域のメンバーは，自分の地域に対して肯定的な帰属意識をもつことにさほど苦労しないだろう。一方，貧しい地域のメンバーは，自分の地域に肯定的な帰属意識をもつことは一筋縄にはいかない。

社会的アイデンティティ理論では，人は内集団びいきによって肯定的な社会的アイデンティティを得ようとする。しかし，自分の所属する集団が低い地位

で従属的な立場である場合には、集団間の比較によって肯定的なアイデンティティを得ることが難しい。最小集団状況を用いた実験では、優位集団では内集団びいきを示したのに対し、劣位集団では外集団びいきを示す傾向があることが示されている (Sachdev & Bourhis, 1987)。

しかし、実際には劣位集団であっても、必ずしも否定的な社会的アイデンティティをもっているとは限らない。たとえば、自分のひいきの野球チームがいつも最下位をうろうろしている場合はどうだろうか。負けているからといって、そのチームのファンをやめてしまうわけではない。「負けているから応援したくなる」とより熱心になったりする。

仮想世界ゲームの貧しい地域のメンバーも、貧しいからといって自分の地域に否定的なわけではなく、「自分たちの方が結束力は高いぞ」とかえって団結している場合もある。そこにはどのようなメカニズムが働いているのか、見てみよう。

❶集団間の流動性

自分の所属する集団が劣位集団であった場合の反応の1つは、他の集団に移ってしまうことである。野球の例であれば、他のもっと強いチームのファンになってしまえばよい。このような個人的対処は、集団の地位を上げるための運動を行うなどの集合行為と比べると、最も選択されやすいということが示されている (Wright et al., 1990)。一方、劣位集団のすべてのメンバーが優位集団に移動することは不可能であるので、集団間移動を行うメンバーがいる場合には、集団の凝集性が下がり、残ったメンバーはよりネガティブな社会的アイデンティティをもちやすいということが指摘されている (Ellemers et al., 1988)。

仮想世界ゲームでは、途中で異なる地域のメンバーに変わることはできない。しかし、旅行チケットの費用などによって他の地域への移動の機会を操作し、集団間の流動性を変化させることができる。

垂澤・広瀬 (2006) は、旅行チケットの費用によって集団間の流動性を操作した。その結果、貧しい地域は豊かな地域よりも帰属意識が低かったが、流動性が低い条件では、両地域の帰属意識に差が見られなかった (図9-4)。また、セッション前半よりも後半でどちらの集団も帰属意識が高くなっていた。食糧

9-3 仮想世界ゲームの中のアイデンティティ

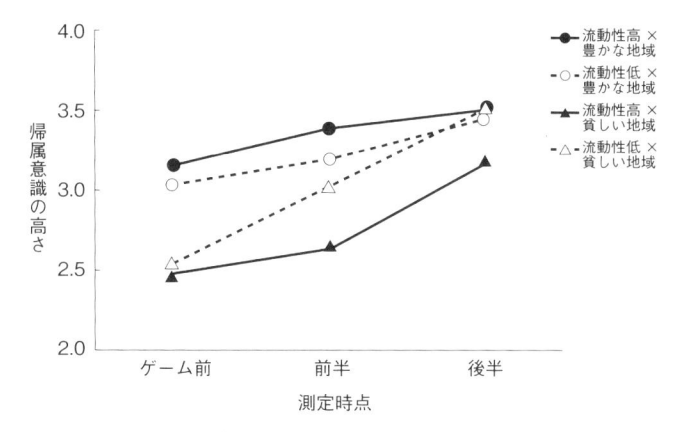

図9-4 流動性による帰属意識の変化（垂澤・広瀬, 2006）

の確保などを地域の人と一緒に行う協力行動については，流動性が低い条件の方が頻度が多くなっていた。集団間の流動性が高い場合には，貧しい地域のメンバーも豊かな地域に行く機会が多くなり，自分の地域に留まって地域の問題を共同で解決しようとする動きが少なくなると考えられる。

さらに流動性と内集団びいきとの関連を調べた研究（Hirose et al., 2005）では，流動性が高い条件では貧しい地域での内集団びいきが少なくなっていた。流動性が高いと貧しい地域では内集団の評価が低く，外集団の評価が高くなっていた。一方，流動性が低い条件では，どちらの地域も同じぐらいの内集団びいきを示していた。また，流動性が低い状況の方が，地域の人と一緒に行う協力行動が多くなっていた。

これらの研究からは，流動性が帰属意識の形成に大きな影響を与えていることがわかる。流動性が高い状況では，劣位集団のメンバーは肯定的な帰属意識をもちにくくなる。このことは，グローバル化が進んで，人が国境を越えて移動することが多くなるほど，発展途上の国や地域の人々の帰属意識は低くなりやすく，集合行為が行われにくくなる，という危険性を示唆しているのではないだろうか（垂澤・広瀬, 2006）。

なお，図9-4を見ると興味深い点がある。それは，ゲーム前には豊かな地域の方が貧しい地域よりも肯定的な帰属意識をもっているが，流動性が低い条件ではゲーム後半でその差がほとんどなくなっていることである。貧しい地域の

メンバーも，集団メンバーと交流したり，地域単位で行動するうちに，後半では肯定的な内集団アイデンティティを獲得できたということになる。

❷他集団からの評価

自分自身が自集団を高く評価することは，肯定的な社会的アイデンティティに結びつくと考えられるが，他者から自集団が高く評価されることも，肯定的な社会的アイデンティティに結びつく可能性がある。

野波ら（2005）は，「外集団からの評価」が自分の地域への帰属意識を高めるのではないかという視点から分析を行った。豊かな地域ではもともと地位も勢力も高いため，他集団からの評価を必要としないが，貧しい地域では，他集団から高い評価を得ることは，社会的アイデンティティを高揚させ，それが自己評価を高めることにつながる。よって，他集団からの評価は劣位集団にとってより重要であると予測できる。環境問題発生後の他集団からの評価の予測と社会的アイデンティティの関係を調べたところ，貧しい地域でのみ，その2つの間に関連が見られた。貧しい地域では，より他集団からの評価が重要であったと考えられる。

9-3-3　環境問題の発生によるアイデンティティの変化

仮想世界ゲームの中では，企業活動の進展に伴って次第に環境汚染リスクが高まっていき，後半に環境問題が発生する。仮想世界ゲームでの環境問題は，解決できないと（ゲームとしての）死亡のリスクがあるという深刻なものである。環境問題がいったん発生すると，それまで限られた資源を巡って競争関係にあった4つの地域が，協力して環境問題を解決することが求められる。これは，競争から協力へと，大きなパラダイム・シフトを促すことになる。地域や世界への帰属意識も，環境問題の発生前後では大きく変化していく。

❶シェリフらのサマーキャンプ実験

シェリフら（Sherif et al., 1988；Sherif, 1966）のサマーキャンプ実験として知られる一連の研究が，この現象を理解する役に立つだろう。シェリフらは，夏に子どもたちを集めて行われる「サマーキャンプ」にやってきた少年たちを

対象に，実験を行った。

　第1段階では，少年達は何も知らずにキャンプに参加し，2つの集団として別々にキャンプを開始した。2つの集団は相手の存在を知ると，次第に競争心を募らせた。第2段階で野球や綱引きなどの対抗試合を導入すると，さらに競争心は高まり，相手の旗を焼いてしまうなどのいさかいが起こった。それに対し，花火大会を開催するなどの集団間接触を増加させる試みは，対立を解消するのには効果的ではなかった。他集団と仲良くするためには「交流を増やすとよい」というのがよく私たちが思いつくことだが，単に交流を増やすだけではあまり効果がなかったということになる。第3段階で食糧を取りに行くトラックが故障して，全員が協力して引っ張る，など両集団が協力しなければ解決しなければならない「共通目標」がいくつも導入されると，両集団の関係は改善し，少年たちは仲直りをした。

　シェリフはこの実験をもとに，集団間の葛藤や偏見は，個人の資質などによるものではなく，実際に集団間で利害が対立しているか否かという客観的利害を反映したものだ，としている。このように，集団間の客観的な利害関係が他集団メンバーに対する人々の行動を決めるとする考え方を，キャンベル（Campbell, 1965）は現実的利害葛藤理論と呼んでいる。

❷地域アイデンティティから世界アイデンティティへ

　さて，仮想世界ゲームにおいても，環境問題への対処は集団間の共通目標であるといえるが，それによって集団へのアイデンティティはどのように変化するのだろうか。

　ゲーム後のレポートからは，共通目標の解決によって，参加者の意識が大きく変化したことがうかがえる。

> ●環境問題の発生によって，全世界の人とのつながりが深まり，食糧の交渉でもお互いに譲り合う気持ちが出てきました。今まで地域で団結していたのが一気に世界に広がったような気がした。
> ●パズルを解くときには，これまで立場の違いによる壁のようなものを感じていた他地域の人たちと一緒に協力し合い，1つのことに向かえ

たので，地域という枠でなく，世界という枠で自分を見ることができ
たように思う。

　これらの報告からは，それぞれの所属する「地域」という下位カテゴリーで
状況を認知していた参加者らが，環境問題をきっかけとして，「世界」という上
位カテゴリーを意識するようになったことがうかがえる。社会的アイデンティ
ティ理論からは，上位カテゴリーが認識されるとき，全体が1つの集団として
認識されるので，他集団のメンバーとの協力行動が増加すると予測できる（図
9-5）。
　垂澤・広瀬（2003）は，地域への帰属意識と世界への帰属意識の両方を測定
し，環境問題発生の前後で比較した。その結果，環境問題の発生後には地域へ

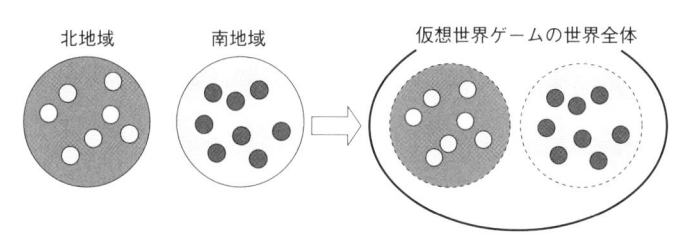

図9-5　上位カテゴリー認知によるアイデンティティの変化

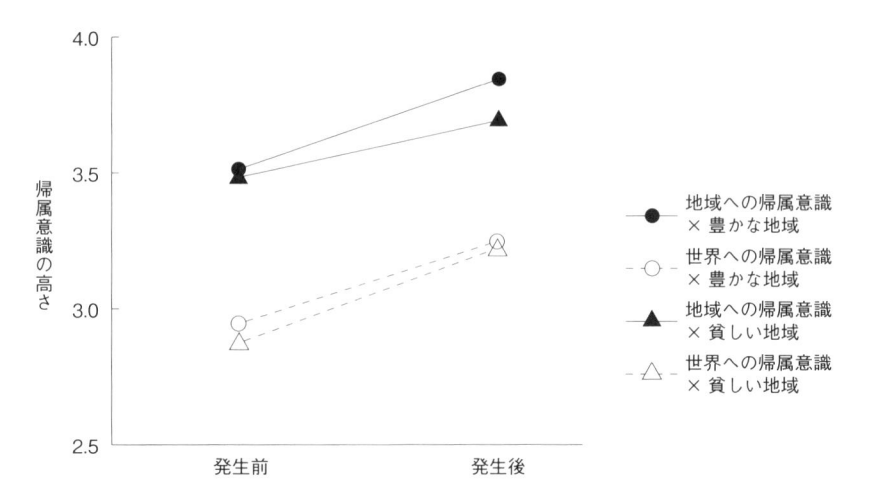

図9-6　環境問題の発生による帰属意識の変化（垂澤・広瀬, 2006）

の帰属意識と世界への帰属意識の両方が高まっており，その傾向は豊かな地域と貧しい地域で共通であった（図9-6）。また，この研究では豊かな地域と貧しい地域で帰属意識の高低に差が見られなかった。

❸ 世界全体への協力

　世界全体という上位カテゴリーへの帰属意識が高まると，全体への協力行動が増えることが予測できるが，実際に，環境問題が生じた後には環境への寄金が増加していた（垂澤・広瀬，2003）。この寄金行動と帰属意識との関連を調べたところ，豊かな地域では寄金行動は地域への帰属意識と結びついていたのに対し，貧しい地域では世界への帰属意識と結びついていた。

　垂澤・広瀬（2003）は，豊かな地域では，寄金によって自分たちが世界を運営しているというプライドが強く意識され，貧しい地域では「難しいのに世界のために貢献した」という認識が世界への帰属意識を高めたと解釈している。一方，逆の方向の関連があったとも考えられる。帰属意識の高い人が，世界全体の環境問題への寄金を行ったのかもしれない。

　それでは，現実世界での環境問題の場合はどうなるだろうか。現実にも，地球温暖化など環境問題が生じており，各国が連携しての対策が必要となっている。シェリフの現実的利害葛藤理論を応用すれば，共通目標に向かって各国が協力するわけだから，環境問題への協力を通じて集団間の葛藤が減少するのではないかと予測できる。しかし，現実世界においても国家間には貧富の格差があり，単純にはいかないとも考えられる。垂澤・広瀬（2003）の結果からは，環境問題への協力は世界への帰属意識を高めるが，地域への帰属意識も同時に高めることになり，葛藤が完全に解消するわけではないと予想される。

9-3-4　電子版仮想世界ゲームでの現実感

　通常の仮想世界ゲームでは，各地域のメンバーはそれぞれの部屋を割り当てられ，自由に会話したり他の地域に旅行したりしながら1日を過ごす。柿本・細野（2010）は，参加者がコンピュータ上でのみやりとりをする仮想世界ゲーム電子試作版を開発した。この電子試作版では，参加者はパソコン端末の前に座り，他のメンバーとの会話や食糧チケット，株の売買などもすべてコンピュータ上で行

う。参加者にはそれぞれ「S05（南の5番）」のような番号が与えられ，相手が実際に誰なのかということは知らされなかった。互いに直接やりとりできないということ以外の基本的ルールは，従来型仮想世界ゲームと同じであった。

仮想世界ゲームで，参加者は通常は同じ地域の中でいつも顔を合わせてやりとりしながら，次第に地域への帰属意識をもつようになるが，コンピュータ上のやりとりだけで，果たして地域への帰属意識は生まれるのだろうか。

柿本・細野（2010）が従来型ゲームと電子試作版で地域への帰属意識の比較を行ったところ，そのレベルはほぼ同じであった。また参加者がどれぐらい自らの置かれている状況に関心をもち，現実的と認識しているかを調べるための「状況の現実感尺度」（柿本，2004）を用いて比較したところ，「参加者の現実感」は従来型の方が若干高かったが，「主体的関心」では差が見られなかった。またそれぞれの得点は7点尺度で4以上であった。電子試作版でも，参加者はゲームにかなり没入していたことになる。

この研究からは，地域への帰属意識は，単に参加者が対面的な交流をもつことにより生まれるのではないことが示唆された。コンピュータ上のやりとりであっても，同じ地域のメンバーと協力して活動することが帰属意識を高めていた。

一方現実世界においても，昨今は同じ関心をもつ人がインターネット上で集まる「ネットコミュニティ」が増えている。この研究からは，対面的な交流のないネットコミュニティであっても，通常の集団と同じような帰属意識が生まれる可能性もある，ということがいえるかもしれない。

9-4 まとめ

このように，「私」から○○地域の「私たち」へ，そして仮想世界ゲーム全体の「私たち」へ，ゲームの進行と共にアイデンティティが変化するにつれて，問題の捉え方，そして誰と協力するかという協力行動も変わっていく。社会的アイデンティティ理論では，どの集団に所属しているかという「社会的アイデンティティ」が私たちの自己概念の一部を形成しており，肯定的な社会的アイデンティティを得ようと，私たちは認知を変化させたり，行動を起こしたりす

る。仮想世界ゲームの参加者はそのダイナミックなアイデンティティの移り変わりを体験することができる。「仮想」の世界であっても，参加者にとっては次第にリアルな，現実の集団と同様になっていった様子がうかがえる。

10 集団間葛藤とその解決策
：集団間の対立はどのようにして
解消できるのか

10-1 仮想世界ゲームにおける集団間葛藤

　職場や学校や同好会などの身近な集団，さらには民族や国家といったマクロな大集団まで，私たちは日ごろ，実に多様な集団へ同時に所属している。それらの集団を注意深くながめてみると，たとえば新聞やTVで報道される民族や国家の間での対立と和解，あるいは職場や学校の中でのインフォーマルな小集団の形成と消滅など，これらの集団は互いに対立や協調を繰り返しながらダイナミックに動いていることに気づく。

　このように集団間で対立や葛藤が起きやすいのはなぜだろうか。また，そうした集団間の葛藤は，そこに関わる集団メンバーたちにどんな影響を及ぼすのだろうか。そもそも，集団間の葛藤はどうすれば解決できるのだろうか。

　仮想世界ゲームにおける集団間葛藤は，豊かな地域と貧しい地域の間で発生することが多い。それはたいてい，貧しい地域のメンバーから豊かな地域に対する「豊かな地域のメンバーは自分の利益ばかり」といった不満や，豊かな地域のメンバーから貧しい地域への「貧しい地域の人たちは自分勝手な無理ばかり」という苦情となって現れる。ゲームの中でのこうした不満は，やがて豊かな地域と貧しい地域の間での相互不信へと高まり，ときには集団間での交流の断絶，協力の拒否という形で，深刻な対立が生まれてしまうこともある。

　仮想世界ゲームのプレイヤーたちはたいてい，同じ大学で同じ講義を履修する学生どうしである。彼らは多くの場合，ゲームの当日に初めて顔を合わせた者どうしで，自分の地域（内集団）にもそれ以外の地域（外集団）にも知り合

いはあまりいない，初対面の人ばかり。ところがゲームの中では，お互い初対面のメンバーが1つの地域としてまとまり，これも見知らぬ人ばかりである他の地域に対していっせいに不信の目を向け，ときには一致団結までして他の地域に反発する。こんなことがなぜ起きるのだろうか。

仮想世界ゲームの中のどんな要因が，彼らにこのような集団的なアクションを起こさせるのか，いくつかの理論をひもといてみよう。

10-2 集団間の葛藤とその解消に関する理論

10-2-1 集団間接触仮説

集団間葛藤はなぜ発生するのか，何が人々を集団間の対立に駆り立てるのか。これは社会心理学における古くからの研究テーマで，現在までにいくつもの理論が提起されている。その中で古典的な理論ともいえるのが，集団間接触仮説である。これは要するに，交流の乏しい集団間では未知の集団に対する不安や恐れから，相手の集団に対するステレオタイプとしての偏見が増幅され，これが集団間での葛藤を生む。したがって，集団間でメンバーの交流機会を増やせば偏った認知は修正され，葛藤も低減するだろう，という仮説である。この仮説はオールポート（Allport, 1954）が提起し，その後は米国における人種差別撤廃政策の推進に沿った応用的な研究がいくつか行われ（Schofield & Sagar, 1977），近年ではペティグリュー（Pettigrew, 1986）がレビューを行っている。

米国における人種差別撤廃政策の推進とは，具体的には次のようなものである。小学校や中学校に黒人と白人の対立を解消するためのプログラムが導入される。たとえばそれは，居住地域が異なるため別々の学校だった黒人の子どもたちと白人の子どもたちを同じ学校に入れて一緒に授業を受けさせる，といった方法である。こうしたプログラムには，先に述べたように2つの集団でメンバーどうしの接触により集団間葛藤が低減する効果が期待されていた。

黒人の子どもたちが白人居住地の学校へ通うため，スクールバスでやってくる。白人たちの妨害からバスを警護するため，ある町では警官隊まで出動したこのプログラム。さて，子どもたちの間の人種の溝は埋められたのだろうか。スコーフィールドとサガー（1977）は，このような人種差別撤廃プログラムが

導入されたモデル校で，子どもたちの友人選択などを調査した。それによると，黒人の子どもも白人の子どもも，カフェテリアや校庭では異なる人種の子どもとの触れ合いを避け，自分の人種から友人をつくる傾向を示した。つまり物理的に2つの集団が混在する状況を作っても，集団間の接触が集団内の接触よりも多くなることはなかったのである。人種の異なる子どもたちの間で交流を促すプログラムが偏見の解消に役立ったのか，その効果はあまり明確ではなかった。

　国や人種や性別，宗教や職業などのカテゴリーによって分類される集団への過度に一般化された信念（「米国人は大雑把だ」など）をステレオタイプという。ロスバート（Rothbart, 1981）によれば，外集団に対するステレオタイプの変容を促すのは，①ステレオタイプに合致しない事例の蓄積（「神経質な米国人」「ハンバーガーとアイスクリームが嫌いな米国人」「パーティーが苦手な米国人」といった複数の米国人と出会う）か，②数は少なくてもステレオタイプから極端に離れた反ステレオタイプ的な事例の発見（1人の「神経質でハンバーガーとアイスクリームが嫌いでパーティーが苦手な米国人」と出会う）という2つか，もしくは③極端に反ステレオタイプ的な事例の蓄積（先述のような極端な米国人と多数出会う）によって集団の中に下位集団（サブタイプ）があると認知されることである，という（Weber & Crocker, 1983）。ただしこの3番目では，反ステレオタイプ的な事例をもとにしたサブタイプが集団の一部として組みこまれる場合にはステレオタイプの変容につながるが，「例外」と集団から切り離して認知されたときには，もとのステレオタイプは変容しない。たとえば，「弁護士は外交的だ」とのステレオタイプを形成した人々に，「内向的な弁護士」の情報を与えても，それが例外的事例と処理されれば，「弁護士は外交的だ」とのステレオタイプはそのまま維持されてしまう（Kunda & Oleson, 1995）。人種差別撤廃プログラムによって黒人の子どもと白人の子どもが互いに人種の異なる友達を作っても，彼らが「あの子はいい友達で，黒人（白人）としては例外だ」と，その友達を集団から切り離して認知すれば，外集団へのステレオタイプは変化しない——つまり，人種間での偏見が集団間接触で解消することはない。

　では集団間接触には集団どうしでの偏見を低減させる効果がないのかといえば，そうでもない。外集団のステレオタイプに一致するメンバーとの接触が，

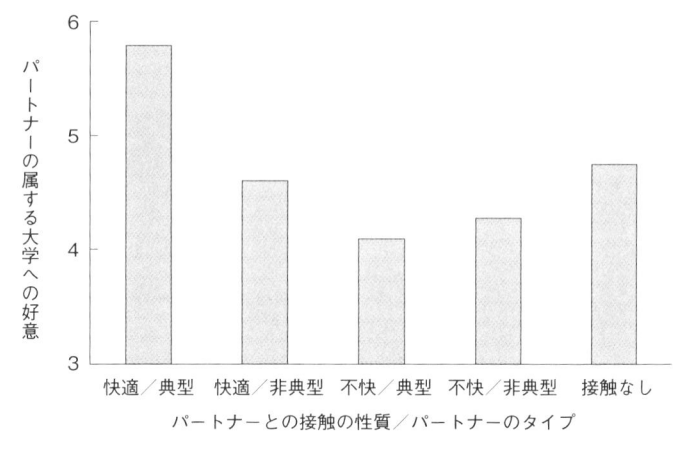

図10-1 典型的ないし非典型的な外集団メンバーとの接触が外集団評価に及ぼす効果
(Wilder, 1984 より作成)

縦軸：パートナーの属する大学への好意
横軸：パートナーとの接触の性質／パートナーのタイプ（快適／典型、快適／非典型、不快／典型、不快／非典型、接触なし）

むしろその外集団に対する人々の評価を好意的なものに変えるという，上記3つの説と反対の仮説を検証した実験がある。ワイルダー（Wilder, 1984）は，実験に参加した大学生が，自分の属する大学とは学生のタイプが対照的とされる大学の学生をパートナーとして一緒に作業する状況を作り，作業の最中のパートナーとの接触の性質と，パートナーのタイプを操作した。図10-1はその実験結果である。実験参加者は，パートナーの学生が相手の大学のステレオタイプに一致する典型的な学生であり，かつ，共同作業の最中にそのパートナーが実験参加者へ支持的で快適なように振る舞ったときだけ，パートナーの大学を好意的に評価した。

　外集団メンバーとの交流が「楽しくて快適」であれば，私たちは当然，そのメンバーに好意をもつだろう。そしてさらに，そのメンバーが外集団のステレオタイプに一致する典型的な人物であれば，独立的なサブタイプと処理されることなく，その人への好意は外集団全体へと一般化しやすい。人種差別撤廃プログラムの効果が明確でなかったように，集団間でのメンバーの接触は，2つの集団を物理的に混在させれば葛藤や偏見の低減につながるという単純なものではない。集団間接触による葛藤低減の効果は，接触経験の内容や接触相手の特徴といった要因がうまく組み合わさった場合にのみ，発動するのである。

10-2-2　現実的利害葛藤理論

　集団間葛藤について説明する有力な理論には，たとえば，第9章で詳説された社会的アイデンティティ理論がある。この理論は，「集団への所属に基づく自己定義（社会的アイデンティティ）」という概念をもとに，人々は自己の社会的アイデンティティを維持・高揚させるため内集団を高く評価し，その反対に外集団は低く評価する，と述べる。内集団びいきと呼ばれるこの現象が，差別や偏見といった広い意味での集団間葛藤につながることは容易に想像できる。

　しかしもっと単純に，資源や報酬の獲得競争が集団間の対立を生みだす，と考える立場もある。現実的利害葛藤理論は，集団間で相互の敵意が発生する状況とは，一方の集団の利益が他方の集団の損失となる利害競合の事態であり，その反対に集団どうしが協同することで双方とも利益が得られる利害一致の事態では集団間で相互に好意が生まれる，と説明する。これを検証したのが，第5章と第9章でも触れているシェリフら（Sherif et al., 1961；Sherif, 1966）のサマーキャンプ実験である。この実験は，11〜12歳の少年たちによるサマーキャンプを舞台として実施された。少年たちを2つのバンガローに分かれて宿泊させ，2つのチーム（集団）を形成させるきっかけを与えて，数週間のキャンプで料理や小屋の築造，野外ゲームなどのイベントを通じ，①集団形成，②集団間葛藤，そして③集団間協力という3つのステージを経験させるものであった。

　2番目のステージで少年たちは，綱引きや宝探しなどの野外ゲームに参加し，集団間で競争した。こうした事態は，一方の集団の勝利が他方の集団の敗北である点で，集団間での利害競合となっている。2つの集団のうち，どちらか一方のみが利益を獲得し，もう一方はその利益を失うというゼロサム型の利害構造の下では集団間に競争が発生し，これがメンバーに内集団への傾倒と外集団への反発を引き起こす。利害競合の事態へ放りこまれた少年たちにも，すぐさま内集団への強い一体感と，外集団への激しい敵意が発生した。

　しかし，このように利害競合を通じて発生した外集団への敵意は，続く第3ステージでの共通目標の導入によって劇的に解消される。少年たちは第2ステージまで，各自が所属する内集団にメンバーシップを感じていたのだが，食糧のトラックを牽引するといったいくつかの共同作業（トラックは2つの集団

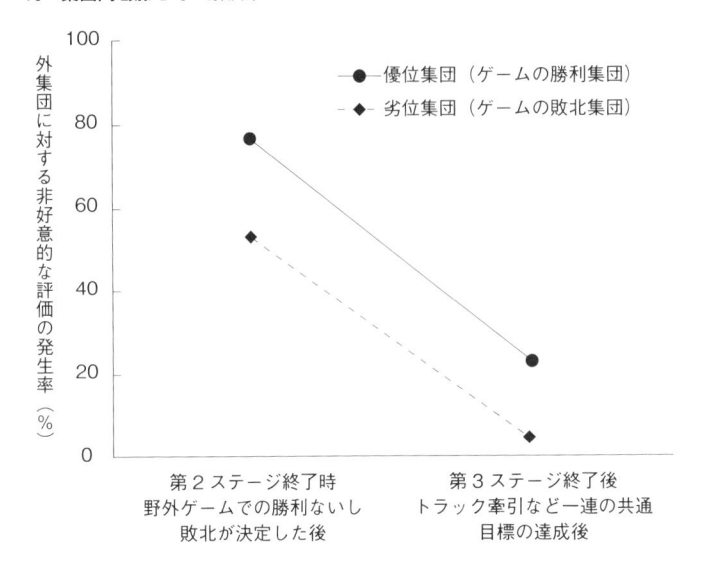

図10-2 集団間で利害が競合する第2ステージから利害が一致する第3ステージにかけての外集団評価の変化 (Shelif, 1966より作成)

の少年たちが全員で協力しなくては牽引できず，食糧がなくては少年たち全員が困ってしまう）を通じて，彼らのメンバーシップは自分の内集団から全員を含む上位集団へと変化する。互いに「僕らとあいつら」と感じていた少年たちが「僕たちみんな」へと変わったわけであり，これによって彼らの相互の敵意は激減した。図10-2からは，サマーキャンプ実験の第2ステージから第3ステージにかけて，少年たちが相手チーム（外集団）を評価する中で非好意的な評価が大きく減ったことがわかる。

　利害の競合によって発生する集団間の敵意は，利害の一致によって消失し，代わって好意が発生する。現実的利害葛藤理論はこのように，集団と集団との間に存在する客観的な利害の構造が，メンバー間での態度と行動を規定すると述べる。シェリフらはそのことを，巧みに設計された野外実験で鮮やかに示したのである。

10-2-3 相対的剥奪理論

　はたから見ればなんともうらやましい境遇の人が不満をかかえていたり，逆

に客観的には劣悪きわまりない境遇にある人がそれなりに満足していたりする。自分の境遇に満足するかどうかが，人によって変わるのはなぜだろうか。

　ある人が自分の生活水準に満足するかどうかを決定づけるのは，生活そのものの客観的な水準ではなく，その人が「自分はこれだけの水準を獲得できるはずだ」と考える主観的な水準との比較に基づいた相対的な判断である。人々は，自分が得た資源量（貨幣やモノ，他者からの尊敬や好意など）が多いか少ないかを，資源の絶対的総量そのもので評価するのではなく，自分が得るべきと信じる資源の主観的総量と比較し，後者に較べて前者が少ないと感じたとき，不満をもつのである（Gurr, 1970）。客観的な獲得と主観的な期待とのギャップに関する認知を，相対的剥奪感という。米軍兵士の調査をもとにこの概念を提唱したスタッファーら（Stouffer et al., 1949）は，二等兵ばかりで昇進機会の乏しい憲兵隊（MP）よりも，多くの兵士が昇進できる空軍のほうが昇進への不満が強いという，一見常識に反する結果を得た。これは，空軍では多くの者が昇進できるというまさにそのために，昇進できなかった残りの兵士が剥奪感を高めたのに対し，MPでは逆にほとんどの者が昇進できないことがかえって他者との比較による不満を低減させたためと説明された。さらに，北部に較べて差別されることが多い南部の黒人兵士たちが，なぜか軍内での満足感が高いことも示された。北部の黒人兵士は，軍隊における自分たちの待遇を，もともと待遇の良い北部の黒人市民と比較していたのだが，これに対して南部の黒人兵士たちは貧しい南部の黒人市民と比較したために不満が低かったのだという。

　このように，他者と自己との社会的比較は相対的剥奪感を生みだす源の1つだが，外集団と内集団との比較もまた，相対的剥奪感の有力な発生源である。ランシマン（Runciman, 1966）によれば，相対的剥奪感とは，人々が自分自身の個人的な資源を他者と比較した結果から生じる個人的剥奪感と，人々が集団のメンバーとして内集団と外集団を比較し，「私たちの取り分は彼らよりも少ない」と認知したときに生み出される集団的剥奪感に分類される。たとえば米国における有職者の女性は，職場における自分の待遇にはおおむね満足だが，米国全体での勤労女性の待遇には不満を示した（Crosby, 1982）。ヴァンネマンとペティグリュー（Vanneman & Pettigrew, 1972）は，米国において黒人の市長候補に対する白人層の投票行動を調べ，人種差別的傾向を帯びた保守的態度

を最も強く示したのが,「自分の経済状況は（内集団である）白人の中で悪くはないが,白人層には（外集団の）黒人層に比べると劣る人も多い」と集団的剥奪感をもつ白人,つまり集団としての白人層が集団としての黒人層よりも経済的に恵まれないと感じる人々であることを見出している。逆に,「自分自身は白人の中では経済的に劣っているが,黒人に比べれば白人層はまさっている」と個人的剥奪感のみをもつ白人は,黒人の市長候補に最も好意的だったのである。黒人層でも,人種差別への対抗として暴力を肯定する傾向が高かったのは絶対的に貧しい黒人ではなく,個人としては教育・経済・社会的な地位の高い黒人であり,やはり集団的剥奪感が民族主義的傾向と相関する（Abeles, 1976）。

　社会的比較を通した相対的剥奪感の発生経緯において重要なのは,人々がどんな比較対象を選択するか,という点である。たとえば人々が集団的剥奪感を感じたり感じなかったりするのは,どんな外集団を比較対象としたかによって変わるだろう。比較対象の選択には近接性と類似性が重要である（Major, 1994）。つまり,人は（空間的に）自分の近くにいる他者,および自分と類似した他者を,比較対象にすることが多い。

　では,まったく接触のない他者や外集団,あるいは自分とまったく異なる他者や外集団は,比較の対象に選ばれないのだろうか。社会的アイデンティティ理論によれば,人々が外集団を比較対象とするか否かを左右するのは,集団間の地位構造の正当性という要因である（Tajfel & Turner, 1979）。外集団と内集団の地位を定める集団間格差の構造が正当な根拠によるものとされた場合,人々は類似性の低い外集団メンバーとの比較よりも,近接性や類似性の高い集団内でのメンバー間における比較を行いやすい。しかし集団間格差が正当なものではなく,場合によってはそれが変革可能であると認知すると,人々は——とくに,集団の地位を低く置かれた劣位集団のメンバーは——自分たちとまったく異なる優位集団を比較対象として選択するのである。

　カディック（Caddick, 1982）は,地図を描いたりクイズに回答したりといった課題の勝敗を通じて優位集団と劣位集団を作り,その勝敗の決定が正当であったか不当であったかによって集団間の地位構造の正当性を操作した。図10-3は,集団間の地位構造の正当性によって優位集団・劣位集団の内集団びいきがどのように変化したかを示したものである。集団間の地位を決定する根

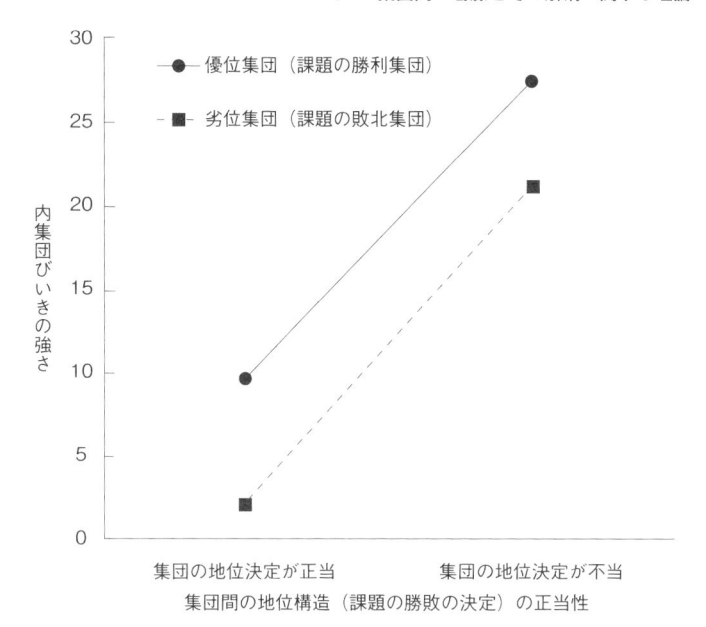

図 10-3 集団間の地位構造の正当性に応じた優位集団と劣位集団の内集団びいき
(Caddick, 1982 より作成)

拠が不当だったとされた条件では，優位集団・劣位集団ともに，内集団びいきが増大している。優位集団のメンバーは，自分たちの優位性が「不当」な基盤に依拠するとされると，かえってその優位性を維持したいという動機が強まる。一方で劣位集団のメンバーには，優位集団に較べて「不当」におとしめられていた自分たちのアイデンティティを回復させる動機が発生したのである。この実験結果は，劣位集団メンバーが自分たちと優位集団との比較を行ううえで，集団間の地位構造の正当性がカギになることを示唆している。

優位集団と劣位集団の間で内集団びいきが増大することには，もちろん葛藤の発生につながる可能性もある。かといって，劣位集団メンバーが内集団びいきすら起こさず，自分たちが劣位とされる集団間格差をそのまま受け入れてしまうのも，あまりよろしくはない。彼らが自らのアイデンティティを積極的に肯定し，公正でない集団間格差の是正に向けて集合行為を起こすためには，外集団と内集団を比較して，「私たちへの扱いは公正でない」といった集団的な剥奪感を共有することも，ときに重要なステップとなるだろう。

集団間葛藤の解決策を提示する集団間接触仮説や現実的利害葛藤理論に対していささか異なる議論だが，集団間で発生するメンバーの不平や不満には，ときに集団間の地位構造を変革して新たな構造を作る可能性もあることを，見落とすべきではない。劣位集団メンバーが不満を高め，優位集団との間に葛藤が発生するのは，その集団どうしにとっても社会全体にとっても悲しいことである（だからこそ，葛藤低減の解決策が重要となる）。しかし，劣位集団のメンバーがそもそも不満すら感じず，肯定的なアイデンティティをもつことさえない社会構造がそのまま維持されてしまうのは，もっと悲しいことではないだろうか。

　劣位集団が不満すらもたないように抑えこむのではなく，彼らの不満が集団間葛藤の発生につながらないように適切にあたることは，優位集団の側にとっても自分たちのためになる。では，優位集団と劣位集団というように，格差のある集団間での葛藤を低減するためには，どのような条件をクリアしなければならないのだろうか。以下，仮想世界ゲームにおける事例を見てみよう。

10-3　仮想世界ゲームでの葛藤と低減策

10-3-1　葛藤低減の条件：共通目標の効果をよりよく引き出すには

　シェリフら（1966）の実験以来，集団間葛藤の解決策として，共通目標の導入が提言されてきた。ところが，共通目標それ自体だけでいつも集団間葛藤が緩和されるとは限らないのである。シェリフら（1966）の実験では，2つの集団が協力して見事に共通目標を達成し，たしかに集団間葛藤も低減していた。この実験結果をもう一度よく見ると，共通目標によって葛藤を解決するためには，その前提として，共通目標そのものが達成されなければならないのではないか，という考えが出てくる。共通目標が達成できなかった場合には集団間葛藤はどうなるか。この場合，共通目標の達成に失敗した責任をお互いに外集団に帰属し合って，葛藤が低減しなかったとの報告がある（Worchel & Norvell, 1980）。集団間葛藤の解決に役立つのは共通目標の導入そのものではなく，その目標が首尾よく達成されることなのである。

10-3-2　共同作業と費用負担：仮想世界ゲームでの共通目標の二面性

　仮想世界ゲームでは，ゲーム終盤で生じる環境問題への対処が，豊かな地域と貧しい地域が協同で取り組む共通目標となっている。ゲーム参加者の一人ひとりは環境問題へ取り組むなかで，豊かな地域，貧しい地域といった集団への帰属意識とは別に，すべての地域を包含する「ゲーム世界全体」という，もっと上位の集団（上位カテゴリー）に対する帰属意識を高めていった。その結果，環境問題の解決に必要とされる寄金も増えた。つまり，環境問題という共通目標の導入は，豊かな地域と貧しい地域がお互いに１つの集団であるという共通のアイデンティティを高めることで，集団間葛藤の低減につながった（本書第９章を参照）。

　ここで１つ，注意しなければならないことがある。実は，仮想世界ゲームにおける環境問題の解決は，シェリフら（1966）がサマーキャンプ実験で導入した共通目標の課題と，ある１点で大きく異なる。課題達成に要する費用の分担という問題である。

　シェリフらが導入した共通目標の課題（少年たちが共同で食糧のトラックを牽引する，キャンプ地の断水を復旧させる，など）には，２つの集団のどちらがどれだけ他方よりも多い（あるいは少ない）費用を負担するかといった問題が存在しない。要するに，少年たちの共同作業のみから成り立つ課題だった。ところが仮想世界ゲームにおける環境問題は，問題解決の共同作業（プレイヤー全員でパズルを解く）そのものへ入る前に，豊かな地域と貧しい地域が共同でパズルを購入する必要があり，そのための費用をどの地域がどれだけ負担するかについて，４地域間で合意を作らなければならない。相互の費用負担のバランスがとれない場合，この種の課題は集団間葛藤の新たな火種になりやすい。集団どうしが共通目標の達成に向けた共同作業そのものを始める前に，それぞれの集団が自分たちに有利な費用負担（分担）を主張すると，一方の費用負担が他方の費用軽減となるゼロサム型の利害構造がもちこまれてしまうからである。これが集団間の競争を生みやすいことは，本章の現実的利害葛藤理論の項で説明したとおりである。

　垂澤・広瀬（2001）は，仮想世界ゲームにおける環境問題に際して，豊かな地域と貧しい地域に共同で解決費用を拠出させた後に具体的な共同作業（パズ

10 集団間葛藤とその解決策

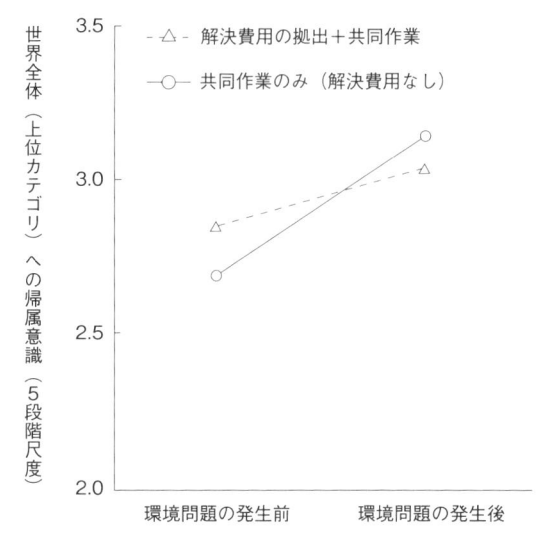

図10-4　共通目標としての環境問題の形態に応じた世界全体への帰属意識の変化
（垂澤・広瀬, 2001）

(縦軸：世界全体（上位カテゴリ）への帰属意識（5段階尺度）、2.0〜3.5)
(横軸：環境問題の発生前／環境問題の発生後)
凡例：‐△‐ 解決費用の拠出＋共同作業／―○― 共同作業のみ（解決費用なし）

ル）にあたらせる条件と，費用の拠出なしで共同作業のみにあたらせる条件を設定し，いずれの条件で「ゲーム世界全体」という上位カテゴリーへの帰属意識が高まるのかを検討した。図10-4はその結果である。

　環境問題の解決に向けた共同作業の前に，優位集団と劣位集団が分担して解決費用を拠出する条件では，環境問題の前後で上位カテゴリーへの帰属意識があまり上昇しない。これに比較すると，共同作業のみで費用の拠出が必要なかった条件では，環境問題の後で帰属意識の上昇が見られる。この結果は，費用負担のアンバランスのように集団間に競争を発生させる要素があると，上位カテゴリーの形成とそれによる共通アイデンティティの昂揚という共通目標の効果が低下することを示している。現実の地球環境問題でも，地球環境の保全が喫緊の課題であることは世界各国の共通認識となっているのに，その解決の費用分担をめぐって先進国と途上国の間に議論が絶えない。共通目標の導入に際して集団間で費用の分担が焦点化した場合，なかなか「世界はひとつ」とはいかなくなるようである。

　では共通目標の達成に向け，優位および劣位集団という格差のある集団間で，首尾よく費用の分担をめぐる合意を作るためには，どのような問題をクリアす

ればいいのだろうか。

　加藤ら（2001）は，仮想世界ゲームにおいて環境問題が起こる前後で，豊かな地域と貧しい地域それぞれのメンバーに，相互の印象をたずねるインタビュー調査を行っている。この事例では貧しい地域から豊かな地域への評価が，環境問題が解決された後にかえって悪化しており，共通目標の導入がかえって集団間葛藤を深刻化させている可能性が見出された。加藤らはこの理由について，貧しい地域のメンバーは，環境問題の解決に向けた豊かな地域の費用負担が彼らの責任に対して小さすぎるとみなし，この不衡平から豊かな地域に対する不満を高めたことを示唆する。環境問題を起こした責任は豊かな地域にあり，その責任の大きさのわりには彼らは解決費用をあまり負担していないといった反発が，貧しい地域の人々に生じてしまったわけである。逆に加藤ら（2002）の事例では，やはり環境問題の前後で豊かな地域と貧しい地域の印象をたずねたインタビュー調査の結果，環境問題への取り組みに際して豊かな地域と貧しい地域それぞれの責任と負担の比率に対する評価が衡平であった場合，上位カテゴリーである「ゲーム世界全体」への帰属意識を示す意見が多数のゲーム参加者から得られた。

　こうした結果をもとに考えると，格差のある集団間では，共通目標の達成に向けて各集団がそれぞれの地位に応じた衡平な負担を行った場合に，集団間葛藤が低減するのではないだろうか。富める者たちはしっかりと，貧しき者たちもそれなりの費用負担をすること——負担の絶対量ではなく，それぞれの地位に即した利益と負担の比率が集団間で衡平であること，これが重要なのである。

　共通目標は，人々が実際に取り組む共同作業のみで成り立つ場合はいいが，お金や労力といった費用の分担，さらには共通目標が達成された後の利益の分配などをめぐって，集団間に競争が発生しやすい。このとき，それぞれの集団の地位と貢献に応じた費用ないし利益の衡平な分配を保障することが，共通目標の導入による集団葛藤低減の効果をより大きく引き出すのである。

10-3-3　仮想世界ゲームにおける葛藤の回避：日常場面を振り返って

　ここまで，集団間に発生する葛藤の原因とその解決策について述べてきた。本章の冒頭で述べたように，民族や国家というマクロな集団間での葛藤や対立

は，新聞やTVなどのメディア上でよく報道される。しかし，私たちの身近な集団である学校や職場の場面を思い浮かべてみると，異なる集団の人々どうしでも，実際にはそれほど対立ばかりするのではなく，葛藤を回避しつつほどほどに仲良くやっている，というケースが多いように思えないだろうか。

実は，集団どうしが葛藤状態にあっても，そこに所属するメンバーどうしは，お互いに仲良く接触しようと試みることが多い。たとえば米国では，人種間で対立の発生したコミュニティが注目されがちだが，実際に調査してみるとそうした例はごく少数で，8割以上のコミュニティは人種間で秩序を保っていた（Cook, 1979）。私たちは，自分と相手それぞれの所属する集団どうしが対立していても，とりあえず個人間ではお互い友好的につき合っていこうとするのである。

仮想世界ゲームでも，豊かな地域と貧しい地域との間には葛藤が発生しやすい。だからといって，ゲーム中にメンバー間の対立が深刻になる可能性は，ほとんどない。ゲームの最中，集団どうしはぎくしゃくしても，そのメンバーどうしはそれなりに仲良く，お互いになんとか譲歩しながらやっている。

集団どうしは対立しても対人関係は友好的に保つ人々の心理的メカニズムには，いろいろなものがある。同じ集団のメンバーとは密度の濃い交友をする反面，異なる集団のメンバーとの接触は表面的にとどめ，葛藤を生みやすい深いコミュニケーションを回避するのは1つの方法である。さらに，集団と個人を分離するメカニズムも，友好的な対人関係を保つうえで効果的である。「私は○○集団で彼は××集団だが，そんなのはささいなことだ，彼は友人として面白い人間だ」というように，自分自身や相手の集団アイデンティティを最小化して，他の部分——たとえば相手の性格や役割といった個人的なアイデンティティを最大化する認知過程である。これは，自分や相手をその所属集団から切り離して個別に認知する過程であり，「非カテゴリー化」と呼ばれる（Brewer & Miller, 1988）。

仮想世界ゲームでは，集団どうしが葛藤を起こしても，メンバーの一人ひとりは集団の内外でお互いに協力しなければ，テロリズムや環境問題などゲーム中に発生するさまざまなリスクを解決できない。こうした個人間での相互依存は，集団の異なるメンバーどうしに，集団間の葛藤にはひとまず触れず，お互

い必要な情報や資源だけ交換しておこうといった，表面的なコミュニケーションを促すのかもしれない．あるいは，情報や資源を交換し合うコミュニケーションの間，彼らはお互いを「豊かな地域の誰それ」「貧しい地域の誰それ」ではなく，「資源や情報を渡してくれる誰それ」と，集団のメンバーとしてではなく特定の個人として，認知しているのかもしれない．仮想世界ゲームにおける個人間での相互依存が，メンバーの一人ひとりに個人的な対人関係の必要性を認知させる基盤となっている可能性は高い．

　考えてみれば，私たちの身の回りの日常とは，こうした個人どうしの相互依存を維持しなければならない場面の連続ではないだろうか．私たちは日常の中で意外と器用に，集団間の葛藤をひとまず置いて，メンバーと仲の良い関係を築いているのだろう．

10-4　まとめ

　この章では，集団間接触仮説，現実的利害葛藤理論，相対的剥奪理論という3つの視点から，集団間葛藤とその解決策を論じた．集団どうしが協力しなければ解決できない共通目標の導入は，集団間葛藤の解決に有効とされる．ただし仮想世界ゲームのように格差のある集団間では，共通目標を達成するための費用負担が衡平になされることが，共通目標による葛藤低減の効果に影響を及ぼす．

　格差のある集団間では葛藤が発生しやすいが，実際にはゲームでも日常生活でも，私たちは集団どうしの葛藤とは別に，メンバーどうしは友好的なつながりを維持するための心理的メカニズムを発動させている．私たちは，自分たちの個人的なつながりの中に集団どうしの葛藤が入りこまないように，意外と器用に振る舞っているようである．

おわりに

　仮想世界ゲームを体験して何か学ぶことがあったでしょうか。ゲームでのさまざまな体験はエピソード記憶として心の中にいったんしまい込まれますが，現実の世界でよく似た出来事に出会った時に，ゲームの記憶がふっと浮かんでくるでしょう。その時，ゲーム体験に関連した社会心理学の知識も想い起して，現実の問題を考える参考にしてください。そうなれば，私たちがこの本を作った目的は果たせたことになります。仮想世界ゲームに限らずさまざまなゲームシミュレーションの体験は後で何度も振り返ることで，ゲームが目的とした人と社会の関係についての理解が深まる効果があることがわかっています。

　本書は，初めは『シミュレーション世界の社会心理学』の改訂版として計画されました。最初の本は，社会心理学の理解に役立つさまざまなゲームシミュレーションを紹介するとととともに，仮想世界ゲームに関連する社会心理学のトピックを幅広く取り上げました。ゲームシミュレーションによる社会心理学という内外でも最初の試みであったその本は，幸いにも20以上の大学院・学部で社会心理学や関連の分野のテキストとして採用され，これまでに1万人ほどの社会人・院生・大学生・高校生が仮想世界ゲームを体験してきました。このゲームを用いて興味深い社会心理学的知見も数多く得られてきました。そこで，その経験や成果を盛り込んだ新しいテキストを作ることになりました。本の構成と内容，それに執筆者も一新しましたので，『仮想世界ゲームから社会心理学を学ぶ』として出版することにしました。

　仮想世界ゲームの手本とした模擬社会ゲーム（SIMSOC）に出会ってゲームシミュレーションの研究・教育を始めて四半世紀になります。その活動をしてきた名古屋大学を退職する時に，このテキストを編集できたのは，私にとって感慨深いことです。本書の出版について，今回はナカニシヤ出版の宍倉由高氏と米谷龍幸氏に大変お世話になりました。各章の執筆をお願いした方々は，原稿を繰り返し推敲して，テキスト作りに協力していただきました。皆様に心からお礼を申し上げます。

2011 年 2 月

広瀬幸雄

文　献

はじめに

Gamson,W.A.（1990）. *SIMSOC: Simulated Society.*（4th ed.）, The Free Press.
Guetzkow, H.（1959）. A use of a simulation in the study of inter-nation relations. *Behavioral Science*, **4**, 183-191.
広瀬幸雄（1997）. シミュレーション世界の社会心理学．ナカニシヤ出版
広瀬幸雄　（2000）. 多元的現実を理解するメディアとしての仮想世界ゲーム　シミュレーション＆ゲーミング, **10**, 14-21.
Livingston, S. A., & Stoll, C. S.（1973）. *Simulation Games.* The Free Press.
Milgram, S.（1974）. *Obedience to Authority.* Harper & Row.（岸田　秀（訳）（1980）. 服従の心理　河出書房新社）

第3章

Fiske, S. T., & Taylor, S. E.（2007）. *Social cognition: from brains to culture.* Boston, MA: McGraw-Hill Higher Education.
Gilbert, D. T., & Malone, P. S.（1995）. The correspondence bias. *Psychological Bulletin*, **117**, 21-38.
Hirose, Y.（1990）. Development of an educational gaming simulation of interregional conflict and cooperation. *Proceedings of international forum for study on the Pacific Rim Region.* The University of Nagoya Press. pp. 103-112.
Jones, E. E., & Harris, V. A.（1967）. The attribution of attitudes. *Journal of Experimental Social Psychology*, **3**, 1-24.
Kelley, H. H.（1967）. Attribution theory in social psychology. In D. Levine（Ed.）, *Nebraska symposium on motivation, Vol.15.* Lincoln, NE: University of Nebraska Press. pp.192-238.
Kelley, H. H.（1972）. Causal schemata and the attribution process. In E. E. Jones, D. E. Kanouse, H. H. Kelley, R. E. Nisbett, S. Valins., & B. Weiner（Eds.）, *Attribution: Perceiving the cause of behavior.* Morristown, NJ: General Learning Press. pp.151-174.
Lau, R. R.,& Russell, D.（1980）. Attribution in sports pages. *Journal of Personality and Social Psychology*, **39**, 29-38.
前田洋枝（2010）. 仮想世界ゲームにおける原因帰属のバイアス　日本社会心理学会第51回大会発表論文集, 480-481.
Orvis, B. R., Kelley, H. H., & Butler, D.（1976）. Attributional conflict in young couples. In J. H. Harvey, W. J. Ickes, & R. E. Kidd.（Eds.）, *New directions in attribution research Vol.1.* Hillsdale, NJ: Lawrence Erlbaum Associates, pp.353-386.
Ross, L., Amabile, T. M., & Steinmetz, J. L.（1977）. Social roles, social control, and

bias in social-perception processes. *Journal of Personality and Social Psychology*, **35**, 485-494.

Storms, M. D.（1973）. Videotape and the attribution process: Reversing actors' and observers' points of view. *Journal of Personality and Social Psychology*, **27**, 165-175.

Taylor, S. E., Fiske, S. T., Etcoff, N. L., & Ruderman, A. J.（1978）. Categorical and contextual bases of person memory and stereotyping. *Journal of Personality and Social Psychology*, **36**, 778-793.

Thomas, K. W., & Pondy, L. R.（1977）. Toward an intent model of conflict management among principal parties. *Human Relations*, **30**, 1089-1102.

第 4 章

Chaiken, S.（1980）. Heuristic versus systematic information processing and use of source versus message cues in persuasion. *Journal of Personality and Social Psychology*, **39**, 752-756.

Chaiken, S., & Maheswaran, D.（1994）. Heuristic processing can bias systematic processing: Effects of source credibility, argument ambiguity, and task importance on attitude judgment. *Journal of Personality and Social Psychology*, **66**, 460-473.

Cho, H., & Witte, K.（2004）. A review of fear-appeal effects. In J. S. Seiter, & R. H. Gass（Eds.）, *Perspectives of persuasion, social influence, and compliance gaining*. Boston, MA: Pearson Education. pp. 223-238.

Festinger, L.（1957）. *A theory of cognitive dissonance*. Row Peterson & Company.（フェスティンガー, L. ／末永俊郎（訳）（1965）. 認知的不協和の理論 誠信書房）

Hovland, C. I., Janis, I. L., & Kelley, H. H.,（1953）. *Communication and persuasion*. New Haven, CT: Yale University Press.（ホヴランド, C. L.・ジャニス, I. L.・ケリー, H. H. ／辻 正三・今井省吾（訳）（1960）. コミュニケーションと説得 誠信書房）

Kasperson, R. E., Renn, O., Slovic, P. Brown, H.S., Emel, J., Goble, R., Kasperson, J. X., & Ratick, S.（1988）. The social amplification of risk: A conceptual framework. *Risk Analysis*, **8**, 177-187.

Lichtenstein, S., Slovic, P., Fischhoff, B., Layman, M., & Combs, B.（1978）. Judged frequency of lethal events. *Journal of Experimental Psychology: Human Learning and Memory*, **4**, 551-578.

西 和久・広瀬幸雄（2000）. 自律性のある少数派は影響力をもつのか？―仮想世界ゲームを用いた少数派影響の実験的検討 日本シミュレーション＆ゲーミング学会第12回大会発表論文集, 22-27.

Petty, R. E., &Cacioppo, J. T.（1986）. The elaboration likelihood model of persuasion. In L. Berkowitz（Ed.）, *Advances in experimental social psychology, Vol.19*. New York: Academic Press. pp.123-205.

Slovic, P.（1987）. Perception of risk. *Science*, **236**, 280-285.

Slovic, P. (2004). Risk as analysis and risk as feelings: Some thoughts about affect, reason, risk, and rationality. *Risk Analysis*, **24**, 311-322.
杉浦淳吉・野波　寛・大沼　進・広瀬幸雄（1995）．集団間コンフリクト事態における説得の影響—模擬世界ゲームによる環境配慮行動の検討　東海心理学会第 44 回大会発表論文集, 55.
Walster, E., Aronson, V., & Abrahams, D. (1966). On increasing the persuasiveness of a low prestige communicator. *Journal of Experimental Social Psychology*, **2**, 325-342.
Wilder, D.A. (1990). Some determinants of the persuasive power of in-groups and out-groups: Organization of information and attribution of independence. *Journal of Personality and Social Psychology*, **59**, 1202-1213.

第 5 章

Blake, R. R., & McCanse, B. A. A. (1991). *Leadership dilemmas : Grid solutions*. Houston, TX: Gulf Publishing Company.
Fiedler, F. E. (1968). Personality and situational determinants of leadership effectiveness. In D. Cartwright, & A. Zander (Eds.), *Group dynamics : Research and theory* (3rd ed.)New York : Harper & Row. pp. 362-380.
Fiedler, F. E., & Garcia, J. E. (1987). *New approaches to effective leadership : Cognitive resources and organizational performance*. New York : John Wiley & Sons.
Hersey, P., & Blanchard, K. H. (1977). *Management of organizational behavior : Utilizing human resources* (3rd ed.) Englewood Cliffs, NJ: Prentice Hall.
Hersey, P., Blanchard, K. H., & Johnson, D. E. (1996). *Management of organizational behavior : Utilizing human resources* (7th ed.) Erglewood Cliffs, NJ : Prentice Hall. (ハーシィ, P.・ブランチャード, K. H.・ジョンソン, D. E.／山本成二・山本あづさ（訳）（2000）．行動科学の展開〔新版〕　生産性出版）
高口　央・坂田桐子・黒川正流（2002）．集団間状況における複数リーダー存在の効果に関する検討　実験社会心理学研究, **42**(1), 40-54.
Lippitt, R., & White, R. K. (1943). The "social climate" of children's groups. In R. G., Barker, J.S. Kounin, & H. F. Wright (Eds.), *Child behavior and development : A course of representative studies*. New York : McGraw-Hill. pp. 485-508.
Lwin, M. A. (1997). *A study of intra- and intergroup leadership in a simulation game of intergroup conflict and cooperation*. Doctorial dissertation, Graduate School of Letters, Nagoya University.
Lwin, M., & Hirose, Y. (1997). The effect of intra- and intergroup leadership on group goal attainment in a north-south gaming simulation. *Japanese Psychological Research*, **39**(2), 109-118.
三隅二不二（1984）．リーダーシップ行動の科学　（改訂版）　有斐閣
Northouse, P. G. (2004). *Leadership : Theory and practice*. (3rd ed.) Thousand Oaks, CA: Sage Publications.

Sherif, M., Harvey, O. J., White, B. J., Hood, W. R., & Sherif, C. W. (1988). *Intergroup conflict and cooperation : The robbers cave experiment*. Reprint. Middletown, CT: Wesleyan University Press.
Stogdill, R. M. (1974). *Handbook of leadership : A survey of theory and research*. New York : The Free Press.
辻岡美延（1977）．新性格検査法―Y-G性格検査実施・応用・研究手引　日本・心理テスト研究所

第6章
安西祐一郎（1985）問題解決の心理学：人間の時代への発想　中央公論新社
Callway, M. R., & Esser, J. K. (1984). Groupthink: Effects of cohesiveness and problem-solving procedure on group decision making. *Social Behavior and Personality*, **12**, 157-164.
Diehl, M., & Strobe, W. (1991). Productivity loss in brainstorming groups: Toward the solution of riddle. *Journal of Personality and Social Psychology*, **53**, 497-509.
Festinger, L. (1950). Informal social communication. *Psychological Review*, **57**, 271-282.
Flowers, M. L. (1977). A laboratory test of some implementations of Janis's goupthink hypotheses. *Journal of Personality and Social Psychology*, **35**, 888-896.
Fodder, E. M., & Smith, T. (1982). The power motive as an influence on group decision making. *Journal of Personality and Social Psychology*, **42**, 178-1185.
蜂屋良彦（1999）．集団の賢さと愚かさ―小集団リーダーシップ研究　ミネルヴァ書房
Hogg, M. A. (1992). *The social psychology of group cohesiveness: From attraction to social identity*. London: Harvest Wheatsheaf.
Janis, I. L. (1972). *Victims of groupthink: A psychological study of foreign-policy decisions and fiascos*. Boston, MA: Houghton Mifflin.
Kameda, T. (1991). Procedural influence in small-group decision making: Deliberation style and assigned decision rule. *Journal of Personality and Social Psychology*, **61**, 245-256.
亀田達也（1997）．合議の知を求めて―グループの意思決定　共立出版
Kelley, C. (1993). Group identification, intergroup perceptions and collective action. *European Journal of Social Psychology*, **4**, 59-83.
Latané, B., Williams, K., & Harkins, S. (1979). Many bands make light the work: The causes and consequence of social loafing. *Journal of Personality and Social Psychology*, **37**, 822-832.
Lewin, K. (1947). Group decision and social change. In T. M. Newcomb, & E. L. Hartley (Eds.), *Readings in social psychology*. New York: Henry Holt & Company, pp. 330-344.
Lewin, K. (1951). Field theory in social science. In D. Cartwright (Ed.), *Selected*

theoretical papers. New York: Harper & Row.
Lorge, I., & Solomon, H. (1955). Two models of group behavior in the solution of eureka-type problems. *Psychometrica*, **20**, 139-148.
Moscovici, S. L., & Zavalloni, M. (1969a). Studies in social influence: Minority influence and conversion behavior in a perceptual risk. *Journal of Experimental Social Psychology*, **16**, 270-282.
Moscovici, S. L., & Zavalloni, M. (1969b). The group as a polarizer of attitudes. *Journal of Personality and Social Psychology*, **12**, 125-135.
Osborn, A. F. (1953). *Applied imagination: Principles and procedures of creative thinking*. New York: Charles Scribner's Sons. (1957: revised edition.)
Restle, F., & Davis, J. H. (1963). Success and speed of problem solving by individuals and groups. *Psychological Review*, **69**, 520-536.
Schachter, S., Ellertson, N., McBride, D., & Gregory, D. (1951). An experimental study of cohesiveness and productivity. *Human Relations*, **4**, 229-238.
Schroder, H. M., Driver, M. J. & Streufert, S. (1967). *Human information processing: Individual and group functioning in complex social situations*. New York: Holt Rinehart & Winston.
Shaw, M. E. (1932). Comparison of individuals and small groups in the rational solution of complex problems. *American Journal of Psychology*, **44,** 491-504.
Stasser, G., Tylor, L. A., & Hanna, C. (1989). Information sampling in structured and unstructured discussions of three- and six- person groups. *Journal of Personality and Social Psychology*, **57**, 67-78.
Steiner, I. D. (1972). *Group process and productivity*. New York: Academic Press.
Stoner, J. A. F. (1961). *A comparison of individual and group decisions involving risk*. Unpublished Master's Thesis, Massachusetts Institute of Technology.
Taylor, D. W., Berry, P. C. & Block, C. H. (1958). Does group participation when using brainstorming facilitate or inhibit creative thinking? *Administrative Science Quarterly*, **6**, 22-47.
Tetlock, P. E. (1979). Identifying victims of groupthink from public statements of decision makers. *Journal of Personality and Social Psychology*, **37**, 1314-1324.
Tetlock, P. E., Peterson, R. S., McGuire, C., Chang, S., & Feld, P. (1992). Assessing political group dynamics: A test of the groupthink model. *Journal of Personality and Social Psychology*, **63**, 403-425.
Wallach, M A., Kogan, N., & Bem, D. J. (1962). Group influence on individual risk taking. *Journal of Abnormal and Social Psychology*, **65**, 75-96.

第7章
Abric, J. C. (1982). Cognitive process underlying cooperation: The theory of social representation. In V. J. Derlega, & J. Grzelak (Eds.), *Cooperation and helping behavior*. New York: Academic Press. pp. 74-96.

Ajzen, I., & Fishbein, M. (1977). Attitude-behavior relations: A theoretical analysis and review of empirical research. *Psychological Bulletin*, **84**, 888-918.

Axelrod, R. (1984). *The evolution of cooperation*. New York: Basic Book (アクセルロッド, R. ／松田裕之（訳）(1987). つきあい方の科学 HJB出版)

Dawes, R. (1980). Social dilemmas. *Annual Review of Psychology*, **31**, 169-193.

Deutsch. M. (1958). Trust and suspicion. *Journal of Conflict Resolution*, **2**, 65-79.

Deutsch, M. (1975). Equity, equality and need: What determines which value will be used as the basis for distributive justice? *Journal of Social Issues*, **31**, 137-149.

Deutsch, M. (1985). *Distributive justice: A social psychological perspective*. New Haven, CT: Yale University Press.

土場 学 (2008). 個人と社会の共存に向けて―社会的ジレンマアプローチの可能性 土場 学・篠木幹子（編著）個人と社会の相克―社会的ジレンマアプローチの可能性 ミネルヴァ書房

Frank, R. H., Gilovichi, T., & Regan, D. T. (1993). The evolution of one-shot cooperation: An experiment. *Ethology and Sociobiology*, **14**, 247-256.

Guetzkow, H. (1959). A use of a simulation in the study of inter-nation relations. *Behavioral Science*, **4**, 183-191.

Greenblat, C. S. (1974). Sociological theory and the "Multiple Reality" game. *Simulation & Gaming*, **5**, 3-21.

Hardin, G. (1968). The tragedy of the commons. *Science*, **162**, 1243-1248.

長谷川計二 (1991).「共有地の悲劇」―資源管理と環境問題 盛山和夫・海野道郎（編）秩序問題と社会的ジレンマ ハーベスト社, pp. 199-226.

広瀬幸雄 (1995). 環境と消費の社会心理学 名古屋大学出版会

広瀬幸雄 (2000). 多元的現実を理解するメディアとしての仮想世界ゲーム．シミュレーション&ゲーミング, **10**, 14-21.

Hirose, Y., Ohtomo, S., Ohnuma, S., & Nonami, H. (2007). Effects of procedural and distributive fairness for other groups on acceptance of cost allocation in commons dilemma situation. *Program 10th European Congress Psychology*, **132**.

菊地雅子・渡邊席子・山岸俊男 (1997). 他者の信頼性判断の正確さと一般的信頼―実験研究 実験社会心理学研究, **37**, 23-36.

Leventhal, G. S. (1980). What should be done with equity theory? New approaches to the study of fairness in social relationship. In K. Gargen, M. Greenberg, & R. Wills (Eds.), *Social exchange*. New York: Plenum, pp. 27-55.

Lind, A. E., & Tyler, T. R. (1988). *The social psychology of procedural justice*. New York: Plenum Press. (リンド, A. E.・タイラー, T. R. ／菅原郁夫・大渕憲一（訳）(1995). フェアネスと手続きの社会心理学―裁判，政治，組織への応用 ブレーン出版)

Marwell, G. & Schmitt, D. R. (1972). Cooperation in a three-person prisoner's dilemma. *Journal of Personality and Social Psychology*, **21**, 376-383.

Ohnuma, S. (2009). Effects of citizen participation program as procedural fairness on

social acceptance: A case study of implementing a charge system on household waste in Sapporo. *8th Biennial Conference on Environmental Psychology*, p52.
大沼　進・広瀬幸雄（2002）．仮想世界ゲームにおける環境問題解決策選好の規定因　シミュレーション＆ゲーミング，**12**，1-11．
Ohnuma, S., Hirose, Y. Karasawa, K., Yorifuji, K., & Sugiura, J. (2005). Why do residents accept a demanding rule?: Fairness and social benefit as determinants of approval for a recycling system. *Japanese Psychological Research*, **47**, 1-11.
Ostrom, E., & Walker, J. (Eds.) (2002). *Trust and reciprocity: Interdisciplinary lessons from experimental research*. New York: Russell Sage Foundation.
Pruitt, D. G., & Kimmel, M. J. (1977). Twenty years of experimental gaming: Critique, synthesis, and suggestions for the future. *Annual Review of Psychology*, **28**, 363-392.
Schwartz, S. H. (1977). Normative influence on altruism. In L. Berkowitz (Ed.), *Advances in experimental psychology vol. 10*. New York: Academic Press. pp. 222-280.
Shubik, M. (1965). *Game theory and related approaches to social behavior*. New York: John Wiley & Sons.（シュービック, M. ／白崎文雄（訳）(1968)．ゲーム論概説—社会行動の研究　東海大学出版会）
Thibaut, J., & Walker, L. (1975). *Procedural justice: A psychological analysis*. Hillsdale, NJ: Lawrence Erlbaum.
Törnblom, K., & Vermunt, R. (Eds.) (2007). *Distributive and procedural justice: Research and social application*. Hampshire, England: Ashgate.
Tyler, T. R., & Degoey, P. (1995). Collective restraint in social dilemma: Procedural justice and social identification effects on support for authorities. *Journal of Personality and Social Psychology*, **69**, 482-497.
Yamagishi, T. (1986). The provision of a sanctioning system as a public good. *Journal of Personality and Social Psychology*, **51**, 110-116.
山岸俊男（1998）．信頼の構造—こころと社会の進化ゲーム　東京大学出版会

第8章

Adams, J. S. (1965). Inequity in social exchange. *Advances in Experimental Social Psychology, Vol.2*. New York: Academic Press pp.267-299.
Adler, J. W., Hensler, D. R., & Nelson, C. E. (1983). *Simple justice: How litigants fare in the Pittsburgh Court Arbitration Program*. Santa Monica, CA: RAND.
Deutsch, M. (1975). Equity, equality and need: What determines which value will be used as the basis for distributive justice? *Journal of Social Issues*, **31**, 137-149.
Deutsch, M. (1985). *Distributive Justice: A social psychological perspective*. New Haven, CT: Yale University Press.
Dornbush, S. M., & Scott, W. R. (1975). *Evaluation and Exercise of authority*. San Francisco, CA: Jossey-Bass

Earley, P. C., & Lind, E. A. (1987). Procedural justice and participation in task selection: The role of control in mediating justice judgments. *Journal of Personality and social psychology*, **52**, 1148-1160.

Lerner, M. J. (1977). The justice motive: Some hypotheses as to its origins and forms. *Journal of Personality*, **45**, 1-52.

Leventhal, G. S., & Lane, D. W. (1970). Sex, age, and equity behavior. *Journal of Personality and Social Psychology*, **15**, 312-316.

Lind, E. A., MacCoun, R. J., Ebener, P. A., Felstiner, W. L. F., Hensler, D. R., Resnik, J., & Tyler, T. R. (1990). In the eye of the beholder: Tort Litigant's evaluation of the experiences in the civil justice system. *Low & Society Review*, **24**, 953-996.

Lind, E. A., & Tyler, T. R. (1988). *The social psychology of procedural justice*. New York: Plenum. (リンド, A. E.・タイラー, T. R. ／ 菅原郁夫・大渕憲一 (訳) (1995). フェアネスと手続きの社会心理学―裁判, 政治, 組織への応用　ブレーン出版)

野波　寛・加藤潤三・中谷内一也 (2009). コモンズの管理者は誰か？：沖縄本島の赤土流出問題をめぐる多様なアクターの正当性　社会心理学研究, **25**, 81-91.

野波　寛・加藤潤三 (2011). コモンズ管理者の承認をめぐる2種の正当性：沖縄本島における赤土流出問題をめぐる社会的ガバナンスの事例調査　コミュニティ心理学会研究, **13**, 1-14. (印刷中)

Pritchard, D., Dunnette, M. D., & Jorgenson, D. O. (1972). Effects of perceptions of equity and inequity on worker performance and satisfaction. *Journal of Applied Psychology*, **56**, 75-94.

Schwinger, T. (1986). The need principle in distributive justice. In H. W. Bierhoff, R. L. Cohen, & J. Greenberg (Eds.), *Justice in Social Relations*. New York: Plenum.

Smith, H. J., & Tyler, T. R. (1996). Justice and power: When will justice concerns encourage the advantaged to support policies which redistribute economic resources and the disadvantaged to willingly obey the low? *European Journal of Social Psychology*, **26**, 171-200.

Thibaut, J. & Walker, L. (1975). *Procedural justice: A psychological analysis*. Hellsdale, NJ: Erlbaum.

Thibaut, J. & Walker, L. (1978). A Theory of Procedure. *California Law Review*, **66**, 541-566.

Tyler, T. R. (2006). *Why people obey the law*. Princeton, NJ: Princeton Univ. Press

Tyler, T. R., & Lind, E. A. (1992). A relational model of authority in groups. In M. Zanna (Ed.), *Advances in experimental social psychology vol. 25*. New York: Academic Press. pp. 115-191.

Van den Bos, K., Wilke, H. A. M., & Lind, A. (1998). When do we need procedural justice? The role of trust in authority. *Journal of Personality and Social Psychology*, **75**, 1449-1458.

Walker, H. A., Rogers, L., & Zelditch, M. (2002). Acts, persons, positions, and institutions: Legitimating multiple objects and compliance with authority. in S. C. Chew & J. D. Knottnerus, (Eds.), *Structure, culture, and history: Recent issues in social theory*, Lanham, MD: Rowman and Littlefield, pp. 323-339.

Walker, H. A., & Zelditch, M., Jr. (1993). Power, legitimation, and stability of authority: A theore-tical research program. In: J. Berger, & M. Zelditch Jr. (Eds.), *Theoretical research programs: Studies in the Growth of Theory*. Stanford, CA: Stanford University Press. pp. 364-381.

Walster, E., Berscheid, E., & Walster, G. W. (1973). New directions in equity research. *Journal of Personality and Social Psychology*, **25**, 151-176.

Zelditch, M., & Walker, H. A. (1984). Legitimacy and the stability of authority. *Advances in Group Processes*, **1**, 1-25.

第9章

Abrams, D., & Hogg, M.A. (1988). Comments on the motivational status of self-esteem in social identity and intergroup discrimination. *European Journal of Social Psychology*, **18**, 317-334.

Brewer, M. B. (1991). The social self: On being the same and different at the same time. *Personality and Social Psychology Bulletin*, **17**(5), 475-482.

Campbell, D.T. (1965). Ethnocentric and other altruistic motives. Levine, D. (Ed.), *Nebraska symposium on motivation*. Lincoln, NE: University of Nebraska Press, pp. 283-311.

Ellemers, N., van Nippenberg, A., De Vries, N. K., & Wilke, H. (1988). Social identification and permeability of group boundaries. *European Journal of Social Psychology*, **18**(6), 497-513.

Hirose, Y., Taresawa, Y., & Okuda, T. (2005). Collective action and subordinate group identity in a simulated society game. *Japanese Psychological Research*, **47**(1), 12-21.

Hogg, M.A., & Abrams, D. (1988). *Social identification: A social psychology of intergroup relations and group processes*. London: Routledge. (ホッグ, M. A.・アブラムス, D. 吉森　護・野村泰代（訳）(1995). 社会的アイデンティティ理論　北大路書房)

柿本敏克 (2004). 状況の現実感尺度構成の試み―電子的集団間コミュニケーション研究に向けて　日本社会心理学会第45回大会発表論文集, 300-301.

柿本敏克・細野文雄 (2010). 状況の現実感尺度の再検討―2つの仮想世界ゲーム実験から　実験社会心理学研究, **49**(2), 149-159.

野波　寛・加藤潤三・岡本卓也・藤原武弘 (2005). 上位目標達成を通した集団間のメタステレオタイプと社会的アイデンティティ―仮想世界ゲームにおける優位集団・劣位集団間の相互観察　先端社会研究, **3**, 141-161.

Rabbie, J. M., & Horwitz, M. (1969). Arousal of ingroup-outgroup bias by a chance win or loss. *Journal of Personality and Social Psychology*, **13**(3), 269-277.

Sachdev, I., & Bourhis, R. Y. (1987). Status differentials and intergroup behaviour. *European Journal of Social Psychology*, **17**(3), 415-434.
Sherif, M. (1966). *Group conflict and cooperation: The social psychology*. Boston, MA: Routledge & Kegan Paul.
Sherif, M., Harvey, O. J., Hood, W., Sherif, C., & White, J. (1988). *The robbers cave experiment: Intergroup conflict and cooperation*. Middletown, CT: Wesleyan University Press.
Tajfel, H. (1978). Social categorization, social identity and social comparison. In H.Tajfel (Ed.), *Differentiation between social groups*. London: Academic Press. pp. 61-76.
Tajfel, H. (1981). *Human groups and social categories*. Cambridge, UK: Cambridge University Press.
Tajfel, H., Billig, M. G., Bundy, R. P., & Flament, C. (1971). Social categorization and intergroup behavior. *European Journal of Social Psychology*, **1**(2), 149-178.
Tajfel, H., & Turner, J. C. (1979). An integrative theory of social conflict, reprinted in W. Austin, & S. Worchel. (Eds.), *The social psychology of intergroup relations* (2nd ed. 1985.) Chicago, IL: Nelson-Hall.
垂澤由美子・広瀬幸雄 (2003). 地球規模の環境問題への対処が先進・途上地域の世界への帰属意識を高めるのか？─仮想世界ゲームを用いて　シミュレーション&ゲーミング, **13**(1), 14-20.
垂澤由美子・広瀬幸雄 (2006). 集団成員の流動性が劣位集団における内集団共同行為と成員のアイデンティティに及ぼす影響　社会心理学研究, **22**(1), 12-18.
Turner, J.C. (1978). Social categorization and social discrimination in the minimal group paradigm. In H.Tajfel (Ed.), *Differentiation between social groups*, London: Academic Press.
Turner, J. C. (1985). Social categorization and the self-concept: A social cognitive theory of group behaviour. In E. J. Lawyer (Ed.), *Advances in Group Processes: Theory and research vol.2*. Greenwich, CT: JAI Press. pp. 77-122.
Turner, J.C., Brown, R. J., & Tajfel, H. (1979). Social comparison and group interest in ingroup favouritism. *European Journal of Social Psychology*, **9**(2), 187-204.
Turner, J.C., Hogg, M.A., Oakes, P. J., Reicher, S. D., & Wetherell, M. (1987). *Rediscovering the social group: A self-categorization theory*. Oxford, UK: Blackwell.
Wright, S.C., Taylor, D.M., & Moghaddam, F.M. (1990). Responding to membership in a disadvantaged group: From acceptance to collective protest. *Journal of Personality and Social Psychology*, **58**(6), 994-1003.

第10章

Abeles, R. P. (1976). Relative deprivation, rising expectations and black militancy. *Journal of Social Issues*, **32**, 119-137.
Allport, G. W. (1954). *The nature of prejudice*. Cambridge, MA: Addison-Wesley.

Brewer, M. B. & Miller, N. (1988). Contact and cooperation: When do they work? in P. A. Katz, & D. A. Taylor (Eds.), *Eliminating racism: Profiles in controversy.* New York: Plenum Press.

Caddick, B. (1982). Perceived illegitimacy and intergroup relations. In H. Tajfel (Ed.), *Social identity and intergroup relations.* Cambridge, MA: Cambridge University Press.

Cook, S. W. (1979). Social science and school desegregation: "Did we mislead the Supreme Court?" *Personality and Social Psychology Bulletin,* **5**, 420-437.

Crosby, F. (1982). *Relative deprivation and working women.* New York: Oxford University Press.

Gurr, T. R. (1970). *Why men rebel.* Princeton, NJ: Princeton University Press.

加藤潤三・小杉考司・岡本卓也・野波 寛 (2001). 仮想世界ゲームにおける集団間葛藤：共通課題は仲を悪くする？日本グループ・ダイナミックス学会第49回大会発表論文集, 200-201.

加藤潤三・岡本卓也・小杉考司・野波 寛 (2002). 仮想世界ゲームにおける集団間の衡平性：主観的衡平感と客観的衡平性 日本社会心理学会第43回大会表論文集, 656-657.

Kunda, Z., & Oleson, K. C. (1995). When exceptions prove the rules: How extremity of deviance determines the impact of deviant examples on stereotypes. *Journal of Personality and Social Psychology,* **72**, 965-979.

Major, B. (1994). From social inequality to personal emtitlement: The role of social comparisons, legitimacy appraisals, and group membership. In M. Zanna (Ed.), *Advances in experimental social psychology, vol.26,* New York: Academic Press, pp.293-355.

Pettigrew, T. F. (1986). The intergroup contact hypothesis reconsidered. In M. Hewstone, & R. Brown, (Eds.), *Contact and conflict in intergroup encounters.* Oxford England: Basil Blackwell. pp.169-195.

Runciman, W. G. (1966). *Relative deprivation and social justice: A study of attitudes to social inequality in twentieth-century England.* Berkeley, CA: University of California Press.

Rothbart, M. (1981). Memory processes and social beliefs. In L. D. Hamilton (Ed.), *Cognitive processes in stereotyping and intergroup behavior.* Hillsdale, NJ: Earlbaum. pp. 145-181.

Schofield, J. W., & Sager, H. A. (1977). Peer interaction patterns in in an integrated middle school. *Sociometry,* **40**(2), 130-138.

Sherif, M. (1966). *Group conflict and co-operation: Their social psychology.* London: Routledge & Kegan Paul.

Sherif, M., Harvey, O. J., White, B. J., Hood, W. R., & Sherif, C. W. (1961). *Intergroup conflict and cooperation: The Robber's Cave experiment.* Noman, OK: University of Oklahoma Book Exchange.

Stouffer, S. A., Suchman, E. A., DeVinney, L. C., Star, S. A., & Williams, R. M. (1949). *The American soldier: Adjustment during army life Vol.1.* Princeton, NJ: Princeton University Press.

Tajfel, H., & Turner, J. C. (1979). An integrative theory of social conflict, reprinted in W. G. Austin & S. Worchel, (Eds.), *The social psychology of intergroup relations* (2nd ed. 1985.) Chicago, IL: Nelson Hall.

垂澤由美子・広瀬幸雄 (2001). 共通目標の導入は集団間関係を改善するか？:「仮想世界ゲーム」を用いて. 日本シミュレーション & ゲーミング学会第13回全国大会

Vanneman, R. D., & Pettigrew, T. F. (1972). Race and relative deprivation in the urban United States. *Race*, **13**, 461-486.

Weber, R., & Crocker, J. (1983). Cognitive processes in the revision of stereotypic beliefs. *Journal of Personality and Social Psychology*, **45**, 961-977.

Wilder, D. A. (1984). Intergroup contact: The typical member and the exception to the rule. *Journal of Experimental Social Psychology*, **20**, 177-194.

Worchel, S., & Norvell, N. (1980). Effect of perceived environmental conditions during cooperation on intergroup interaction. *Journal of Personality and Social Psychology*, **38**, 764-772.

事項索引

あ

アイデンティティ
　個人的―― 133
　社会的―― 133
悪魔の代弁者 87
一面提示 59
一貫性 38
因果スキーマ 40
応報戦略 103

か

外的妥当性 105
隠れたプロフィール 89, 90
仮想世界ゲーム iii, 1, 19
　電子版―― 145
環境団体 14
環境問題 21
感情ヒューリスティック 60
飢餓 20
危機認知 107
帰属意識 22, 139
共通目標 143, 158
恐怖感情 59
共変モデル 38
共有化 105
共有地の悲劇 102 →コモンズ（共有財）
ゲーム
　――・シミュレーション技法 106
　仮想世界―― iii, 1, 19
　電子版仮想世界―― 145
　模擬社会―― iii
権威
　――への服従 i
　――の合法性 121
　――の正当性 121

　――の適否性 121
原因帰属 38, 63
現実的利害葛藤理論 143, 153
権力 2
合意形成 110
合意性 38
抗議行動 3, 32
公正
　手続き的―― 118
　分配的―― 116
構造的与件 21
拘束性 85
衡平
　――感 107
　――原理 118
　――理論 116
コーシャスシフト 87
国際関係シミュレーション iii
個人的剥奪感 155
コスト評価 109
コモンズ（共有財） 115

さ

最適弁別性モデル 137
最小集団状況 133
サブタイプ 151
サマーキャンプ実験 74, 76, 77
時間
　――圧 95, 96
　――的プレッシャー 91
資源の管理と分配 115
自己カテゴリー化理論 137
自己ステレオタイプ化 137
実験室実験 i

視点
　物理的―― 45
　心理的―― 45
　行為者の―― 45
　観察者の―― 45
社会構造的要因 iii
社会的
　――アイデンティティ 133
　――カテゴリー 28
　――ジレンマ 63, 99, 102
　――手抜き 89
　――比較 157
　――不平等 21
囚人のジレンマ 102
集合行為 140
集団
　――意思決定 84, 92
　――価値モデル 120
　――凝集性 29, 90
　――極化 87
　――思考 86, 92
集団間
　――葛藤 92
　――葛藤の解決策 158
　――の地位構造の正当性 156
　――接触仮説 150
　――流動性 140
熟慮的 91
状況対応リーダーシップ論 73
情報
　――共有 89
　――バイアス 41
人種差別撤廃政策 150
信頼 105
心理的視点 45
スティグマ 58

ステレオタイプ　31, 136,
　　151
斉一性の圧力　87
精緻化見込みモデル　59
正当性　121
　　制度的——　122
　　認知的——　125
責任帰属　109
説得的コミュニケーション
　　58
創造性　88
相対的剥奪理論　155

た
対応推論の3段階モデル
　　43, 47
対応バイアス　40
対処有効性　107
脱個人化　137
手続き的公正　118
テロリズム　23
電子版仮想世界ゲーム
　　145
動機バイアス　42

な
内集団びいき　31, 50
認識バイアス　41
認知的
　　——な正当性　123
　　——不協和理論　57

は
バイアス
　　情報——　41
　　対応——　40

動機——　42
認識——　41
剥奪感　22
　　個人的——　155
　　集団的——　155
バズ・セッション法　87
発言機会　120
PM類型論　71
被害
　　——の重大性　55
　　——の生起確率　55
非カテゴリー化　162
必要原理　118
ヒューリスティック　60,
　　91
ヒューリスティック-システ
　　マティック・モデル
　　60
平等原理　118
不確実性　84
服従　i
物理的視点　45
ブレインストーミング　88
分配の公正　116
偏見　137, 150
弁別性　38
報酬分配マトリクス　134

ま
模擬社会ゲーム　iii
問題発見のプロセス　93

ら
リーダーシップ　67
　　——の機能　71
　　——の定義　69, 82

リーダーシップの機能　71
　　——の対外課題遂行機能
　　76
　　——の対外関係調整機能
　　76
　　——の対内課題遂行機能
　　76
　　——の対内関係調整機能
　　76
リーダーの特性　70, 79
リスキーシフト　87
リスク
　　——・コミュニケーション
　　58
　　——・コミュニケーター
　　61
　　——認知　56
　　——のガバナンス　i
両面提示　59
連帯感　28
理論
　　現実の利害葛藤——
　　143, 153
　　衡平——　116
　　社会的アイデンティティ
　　——　133
　　相対的剥奪——　155
　　自己カテゴリー化——
　　137
　　認知的不協和——　57

わ
割引原理　40
割増原理　40

人名索引

A・B
Abeles, R. P.　156
Abrams, D.　136, 138
Adler, J. W.　119
Ajzen, I.　109

Blanchard, K. H.　73
Bourhis, R. Y.　140

C
Cacioppo, J. T.　59, 60
Chaiken, S.　60
Cho, H.　59
Cook, S. W.　162
Crocker, J.　151
Crosby, F.　155

D
Davis, J. H.　88
Dawes, R.　102
Degoey, P.　111

E
Earley, P. C　120
Ellemers, N.　140

F
Festinger, L.　57, 90
Fishbien, M.　109
Fiske, S. T.　39
Flowers, M. L.　90
Fodder, E. M.　90
Frank, R. H.　105

G
Gamson, W. A.　iii
Garcia, J. E.　72
Greenblat, C. S.　106
Gurr, T. R.　155

H・K
Hovland, C. I.　59

Kasperson, R. E.　58
Kimmel, M. J.　102, 105
Kunda, Z.　151

L
Latané, B.　89
Lerner, M. J.　118
Lichtenstein, S.　58
Livingston, S. A.　iii
Lorge, I.　88

M
Maheswaran, D.　60
Major, B.　156
Marwell, G.　102
McCanse, B. A. A.　71
Miller, N.　162
Moscovici, S. L.　87

N・O
Norvell, N.　158

Oleson, K. C.　151
Ostrom, E.　105

P・R
Petty, R. E.　59, 60
Pruit, D. G.　102, 105
Restle, F.　88

S
Sachdev, I.　140
Schacter, S.　90
Schmitt, D. R.　102
Schwartz, S. H.　109
Schwinger, T.　118

Smith, T.　90
Solomon, M.　88
Stoll, C. S.　iii
Stoner, J. A. F.　87

T・V
Taylor, S. E.　39, 44
Törnblom, K.　111

Vermunt, R.　111

W
Walker, J.　105
Wallach, M. A.　87
Walster, E.　61, 118
Weber, R.　151
Witte, K.　59
Worchel, S.　158
Wright, S. C.　140

Z
Zavalloni, M.　87

あ
アクセルロッド（Axelrod, R.）　103
アダムス（Adams, J. S.）　116, 117
安西祐一郎　92
ヴァンネマン（Vanneman, R. D.）　155
ウォーカー（Walker, H. A.）　121
ウォーカー（Walker, L.）　111, 120, 122, 125
エイブリック（Abric, J. C.）　106
エッサー（Esser, J. K.）　90
大沼　進（Ohnuma, S.）

106, 108-111
オールポート（Allport, G. W.) 150
オズボーン（Osborn, A. F.) 88
オービス（Orvis, B. R.) 41, 42

か
柿本敏克 145, 146
カディック（Caddick, B.) 156, 157
加藤潤三 123, 161
亀田達也 88
菊地雅子 105
キャンベル（Campbell, D. T.) 143
ギルバート（Gilbert, D. T.) 43, 47, 48, 51
ゲッツコウ（Guetzkow, H.) iii, 106
ケリー（Kelly, H. H.) 38, 40, 44
高口　央 77
コールウェイ（Callway, M. R.) 90

さ
サガー（Sagar, H. A.) 150
シェリフ（Sherif, M.) 74, 77, 142, 143, 153, 154, 158, 159
シボー（Thibaut, J.) 111, 120, 122, 125
ジャニス（Janis, I. L.) 86, 87, 90, 92, 95
シュービク（Shubik, M.) 106
シュローダー（Schroder, H. M.) 91, 92
ショウ（Shaw, M. E.) 88
ジョーンズ（Jones, E. E.) 43, 44

杉浦淳吉 62
スコーフィールド（Schofield, J. W.) 150
スコット（Scott, W. R.) 121
スタイナー（Steiner, I. D.) 89
スタッファー（Stouffer, S. A.) 155
ステイサー（Stasser, G.) 89, 90
ストームズ（Storms, M. D.) 46, 47
ストッジル（Stogdill, R. M.) 69, 70
ストローブ（Stroebe, W.) 89
スミス（Smith, H. J.) 119-121
スロビック（Slovic, P.) 57
ゼルディッチ（Zelditch, M.) 121

た
ターナー（Turner, J. C.) 133, 135, 137, 156
タイラー（Tyler, T. R.) 111, 119-122
タジフェル（Tajfel, H.) 132-135, 156
垂澤由美子 140, 141, 144, 145, 160
辻岡美延 80
ディール（Diehl, M.) 89
テイラー（Taylor, D. W.) 89
テトロック（Tetlock, P. E.) 87, 92
ドイッチ（Deutsch, M.) 105, 111, 116, 118
トーマス（Thomas, K. W.) 40, 41, 42, 50, 51
ドーンブッシュ（Dornbush,

S. M.) 121
土場　学 106

な
西　和久 62, 63
野波　寛 123, 142
ノーサウス（Northouse, P. G.) 69

は
ハーシィ（Hersey, P.) 73
ハーディン（Hardin, G.) 102
長谷川計二 107
蜂屋良彦 87
ハリス（Harriss, V. A.) 43, 44
広瀬幸雄（Hirose, Y.) 48, 62, 63, 76, 106, 108-112, 140, 141, 144, 145, 160
ファンデンボス（Van den Bos, K.) 122, 123
フィードラー（Fiedler, F. E.) 72, 73
プリチャード（Pritchard, D.) 117
ブリューワー（Brewer, M. B.) 137, 138, 162
ブレイク（Blake, R. R.) 71
ペティグリュー（Pettigrew, T. F.) 150, 155
ホーウィッツ（Horwitz, M.) 135
細野文雄 145, 146
ホッグ（Hogg, M. A.) 90, 136, 138
ホワイト（White, R. K.) 70
ポンディ（Pondy, L. R.) 40, 41, 42, 50, 51

ま

前田洋枝　52
マロン（Malone, P. S.）
　　43, 47, 48, 51
三隅二不二　71
ミルグラム（Milgram, S.）
　　i

や

山岸俊男（Yamagishi, T.）
　　105

ら

ラッセル（Russel, D.）
　　42
ラビー（Rabbie, J. M.）
　　135
ランシマン（Runciman, W. G.）　155
リピット（Lippitt, R.）
　　70, 71
リンド（Lind, A. E.）
　　111, 119, 120
ルー（Lau, R. R.）　42
ルウィン（Lwin, M. A.）
　　76, 77, 79
レヴィン（Lewin, K.）　85
レーベンソール（Leventhal, G. S.）　111, 118
レーン（Lane, D. W.）
　　118
ロス（Ross, L.）　45
ロスバート（Rothbart, M.）
　　151

わ

ワイルダー（Wilder, D. A.）
　　61, 152

付録　仮想ゲームで使用するカード、チケット

個人目標カード

地域＿＿＿　番号＿＿＿　氏名＿＿＿＿＿＿
生存、資産、権力、人望の各目標に、20点を配分

	開始時	変更	変更
生き延びる	10点	10点	10点
資産をためる	点	点	点
影響を発揮する	点	点	点
人望をえる	点	点	点

開墾カード　　セッション＿＿＿＿ が

地域＿＿＿　番号＿＿＿　氏名＿＿＿＿＿＿

農園を開墾し、1人分の食糧を確保したことを証明します。

農園主の場合は　40シム
個人の場合は　　60シム

進行係のサイン＿＿＿＿＿＿

抗議行動カード　　セッション＿＿＿＿

暴動　デモ　スト（いずれかに○）に参加します
(1)地域＿＿＿　番号＿＿＿　氏名＿＿＿＿
(2)地域＿＿＿　番号＿＿＿　氏名＿＿＿＿
(3)地域＿＿＿　番号＿＿＿　氏名＿＿＿＿
(4)地域＿＿＿　番号＿＿＿　氏名＿＿＿＿
(5)地域＿＿＿　番号＿＿＿　氏名＿＿＿＿
(6)地域＿＿＿　番号＿＿＿　氏名＿＿＿＿
暴動の場合は、1人3シムを提出
デモの場合は　要求相手（　　　　　）
要求内容（　　　　　　　　　　　　　）

抗議行動カード　　セッション＿＿＿＿

暴動　デモ　スト（いずれかに○）に参加します
(1)地域＿＿＿　番号＿＿＿　氏名＿＿＿＿
(2)地域＿＿＿　番号＿＿＿　氏名＿＿＿＿
(3)地域＿＿＿　番号＿＿＿　氏名＿＿＿＿
(4)地域＿＿＿　番号＿＿＿　氏名＿＿＿＿
(5)地域＿＿＿　番号＿＿＿　氏名＿＿＿＿
(6)地域＿＿＿　番号＿＿＿　氏名＿＿＿＿
暴動の場合は、1人3シムを提出
デモの場合は　要求相手（　　　　　）
要求内容（　　　　　　　　　　　　　）

（切り取り線）

付録　仮想ゲームで使用するカード、チケット

（切り取り線）

株券

セッション＿＿＿＿＿が

株券番号＿＿＿＿＿

地域＿＿＿＿　番号＿＿＿　氏名＿＿＿＿＿

北企業　西企業（いずれかに○）の株券を
1枚40Sで購入したことを保証します。

企業の代表者のサイン

株券

セッション＿＿＿＿＿が

株券番号＿＿＿＿＿

地域＿＿＿＿　番号＿＿＿　氏名＿＿＿＿＿

北企業　西企業（いずれかに○）の株券を
1枚40Sで購入したことを保証します。

企業の代表者のサイン

生産報告カード

セッション＿＿＿＿＿

企業（いずれかに○印）　北企業　西企業

生産規模（　）単位 * 200シニー＝（　　　）

労働者数（　）単位 * 3人　＝（　　　）

代表者　地域＿＿＿＿　番号＿＿＿　氏名＿＿＿＿＿

公約カード

セッション＿＿＿＿＿

N党　W党　S党　E党（いずれかに○を）は
以下の法律案を提案します。

代表者　地域＿＿＿＿　番号＿＿＿　氏名＿＿＿＿＿

付録　仮想ゲームで使用するカード、チケット

釈放カード

セッション＿＿＿＿＿

地域＿＿＿＿　番号＿＿＿＿　氏名＿＿＿＿は

誘拐からの釈放を要求します。

（身代金　80S）

団体結成カード

セッション＿＿＿＿＿

地域＿＿＿＿　番号＿＿＿＿　氏名＿＿＿＿は

以下の団体を結成します。

団体の種類＿＿＿＿

団体の名称＿＿＿＿

環境寄金カード

セッション＿＿＿＿＿

地域＿＿＿＿　番号＿＿＿＿　氏名＿＿＿＿は

地域＿＿＿＿　団体＿＿＿＿　代表者＿＿＿＿は

環境浄化に以下の金額を寄金します。

寄付金額＿＿＿＿ S

環境寄金カード

セッション＿＿＿＿＿

地域＿＿＿＿　番号＿＿＿＿　氏名＿＿＿＿は

地域＿＿＿＿　団体＿＿＿＿　代表者＿＿＿＿は

環境浄化に以下の金額を寄金します。

寄付金額＿＿＿＿ S

（切り取り線）

付録　仮想ゲームで使用するカード、チケット

食糧チケット　セッション1	労働力チケット　セッション1
食糧確保者	労働者
地域_____　番号_____	地域_____　番号_____
氏名_____	氏名_____

食糧チケット　セッション2	労働力チケット　セッション2
食糧確保者	労働者
地域_____　番号_____	地域_____　番号_____
氏名_____	氏名_____

食糧チケット　セッション3	労働力チケット　セッション3
食糧確保者	労働者
地域_____　番号_____	地域_____　番号_____
氏名_____	氏名_____

食糧チケット　セッション4	労働力チケット　セッション4
食糧確保者	労働者
地域_____　番号_____	地域_____　番号_____
氏名_____	氏名_____

食糧チケット　セッション5	労働力チケット　セッション5
食糧確保者	労働者
地域_____　番号_____	地域_____　番号_____
氏名_____	氏名_____

食糧チケット　セッション6	労働力チケット　セッション6
食糧確保者	労働者
地域_____　番号_____	地域_____　番号_____
氏名_____	氏名_____

食糧チケット　セッション7	労働力チケット　セッション7
食糧確保者	労働者
地域_____　番号_____	地域_____　番号_____
氏名_____	氏名_____

（切り取り線）

付録　仮想ゲームで使用するカード、チケット

　　　　　　　　　　　　　選挙チケット　　　　セッション＿2

支持する政党を一つ選び〇をつける

　　　　　N党　　　　W党　　　　S党　　　　E党

　　　　　　　　　　　　　選挙チケット　　　　セッション＿4

支持する政党を一つ選び〇をつける

　　　　　N党　　　　W党　　　　S党　　　　E党

　　　　　　　　　　　　　選挙チケット　　　　セッション＿6

支持する政党を一つ選び〇をつける

　　　　　N党　　　　W党　　　　S党　　　　E党

（切り取り線）

　　　　　　　　　　　　　人気投票カード　　　セッション＿3
　　　　　　　　　　　「人望の投票」
最も信頼し好意を持ったプレーヤーは
　　地域＿＿＿＿＿　番号＿＿＿＿＿　氏名＿＿＿＿＿＿＿＿
　　　　　　　　　　　「権力の投票」
世界の動きに最も大きな影響を及したプレーヤーは
　　地域＿＿＿＿＿　番号＿＿＿＿＿　氏名＿＿＿＿＿＿＿＿

　　　　　　　　　　　　　人気投票カード　　　セッション＿6
　　　　　　　　　　　「人望の投票」
最も信頼し好意を持ったプレーヤーは
　　地域＿＿＿＿＿　番号＿＿＿＿＿　氏名＿＿＿＿＿＿＿＿
　　　　　　　　　　　「権力の投票」
世界の動きに最も大きな影響を及したプレーヤーは
　　地域＿＿＿＿＿　番号＿＿＿＿＿　氏名＿＿＿＿＿＿＿＿

付録　仮想ゲームで使用するカード、チケット

（切り取り線）

SIMINSOC 1シム	SIMINSOC 1シム
SIMINSOC 1シム	SIMINSOC 1シム
SIMINSOC 5シム	SIMINSOC 5シム
SIMINSOC 5シム	SIMINSOC 10シム
SIMINSOC 10シム	SIMINSOC 50シム

執筆者紹介（執筆順　＊は編者）

広瀬幸雄（ひろせ・ゆきお）＊
関西大学社会安全学部教授
担当章：1・2

前田洋枝（まえだ・ひろえ）
南山大学総合政策学部教授
担当章：3

杉浦淳吉（すぎうら・じゅんきち）
慶應義塾大学文学部教授
担当章：4

垂澤由美子（たれさわ・ゆみこ）
甲南女子大学人間科学部准教授
担当章：5

大沼　進（おおぬま・すすむ）
北海道大学文学研究科教授
担当章：6・7

野波　寛（のなみ・ひろし）
関西学院大学社会学部教授
担当章：8・10

安藤香織（あんどう・かおり）
奈良女子大学生活環境学部准教授
担当章：9

仮想世界ゲームから社会心理学を学ぶ

2011年3月31日　初版第1刷発行
2023年3月30日　初版第6刷発行
（定価はカヴァーに表示してあります）

編著者　広瀬幸雄
発行者　中西　良
発行所　株式会社ナカニシヤ出版
〒606-8161　京都市左京区一乗寺木ノ本町15番地
Telephone　075-723-0111
Facsimile　075-723-0095
Website　http://www.nakanishiya.co.jp/
E-mail　iihon-ippai@nakanishiya.co.jp
郵便振替　01030-0-13128

装丁＝白沢　正／印刷・製本＝創栄図書印刷
Copyright © 2011 by Y. Hirose
Printed in Japan.
ISBN978-4-7795-0501-0

本書のコピー、スキャン、デジタル化等の無断複製は著作権法上での例外を除き禁じられています。本書を代行業者等の第三者に依頼してスキャンやデジタル化することはたとえ個人や家庭内の利用であっても著作権法上認められていません。